福建省服務海西重大研究項目、國家社科基金重大項目子課題

馬重奇◎主編

《潮聲十五音》整理及研究

馬重奇　馬睿哲◎編著
張世珍◎原著

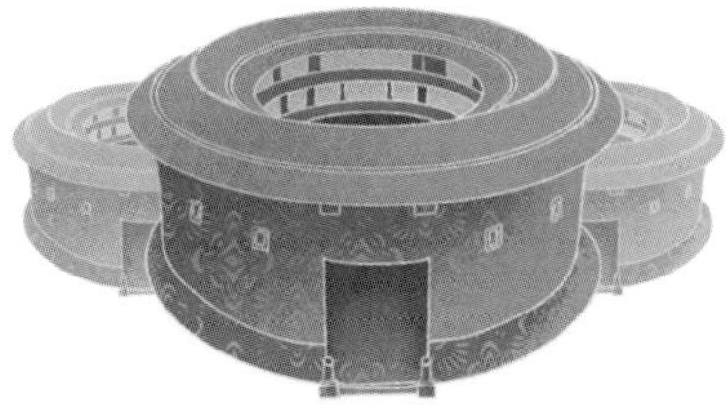

中国社会科学出版社

圖書在版編目（CIP）數據

《潮聲十五音》整理及研究／馬重奇，馬睿哲编著．—北京：中國社會科學出版社，2022.4

（清代民初閩方言韻書整理及研究叢書）

ISBN 978－7－5203－9751－3

Ⅰ.①潮…　Ⅱ.①馬…②馬…　Ⅲ.①閩語—韻書—研究　Ⅳ.①H177

中國版本圖書館CIP數據核字（2022）第028208號

出 版 人　趙劍英
責任編輯　張　林
責任校對　周曉東
責任印製　戴　寬

出　　版　中国社会科学出版社
社　　址　北京鼓樓西大街甲158號
郵　　編　100720
網　　址　http://www.csspw.cn
發 行 部　010－84083685
門 市 部　010－84029450
經　　銷　新華書店及其他書店

印　　刷　北京明恒達印務有限公司
裝　　訂　廊坊市廣陽區廣增裝訂廠
版　　次　2022年4月第1版
印　　次　2022年4月第1次印刷

開　　本　710×1000　1/16
印　　張　19.5
插　　頁　2
字　　數　320千字
定　　價　118.00元

總　　序

馬重奇

一　中國古代韻書源流與發展概述

古人把傳統語言學叫做“小學”。漢代稱文字學為“小學”，因兒童入小學先學文字，故名。隋唐以後，範圍擴大，成為“文字學”“音韻學”和“訓詁學”的總稱。至清末，章炳麟認為小學之名不確切，主張改稱“語言文字之學”。現在統稱為“漢語研究”。傳統的語言學以研究古代文獻和書面語為主。

漢語音韻學研究也有一個產生、發展、改革的過程。早在先秦兩漢時期就有關於字詞讀音的記載。主要有以下諸類：（1）譬況注音法：有急言、緩言、長言、短言、內言、外言等。它們都是大致描繪的發音方法，卻很難根據它準確地發出當時的音來，更無法根據它歸納出當時的音系。（2）直音法：隨著漢代經學的產生和發展，注釋家們在為先秦典籍下注解時開始使用“直音”法。這是以一個比較常用的字給另一個同音字注音的方法。直音法的優點是簡單明瞭，一看就懂，也克服了譬況注音法讀音不確的弊病，但自身也有很大局限性。（3）讀若，讀如：東漢許慎在《說文解字》中廣泛應用的“讀若”，就是從直音法發展而來的。“讀若”也叫“讀如”，主要用於注音。用讀若時，一般用一個常見的字進行解釋，有時常常引用一段熟悉的詩文，以該字在這段詩文中的讀音來注音。（4）反切法：真正的字音分析產生於東漢末年，以反切注音法的出現為標誌。反切就是利用雙聲、疊韻的方法，用兩個漢字來拼另一個字的讀音。這是古人在直音、讀若基礎上進一步創造出來的注音方法。反切是用兩個字拼合成另一個字的音，其反切上字與所切之字聲母相同，反切下字與所切之字韻母和聲調相同。即上字取聲，下字取韻和調。自從反切出現之後，古人注釋經籍字音，便以它為主要手段。編撰韻書，也大量使用反切。

四聲的發現與歸納，對韻書的產生與發展也起著極為重要的作用。據《南齊書·陸厥傳》記載："永明末盛為文章，吳興沈約、陳郡謝朓、琅琊王融，以氣類相推轂。汝南周顒，善識聲韻。約等文皆用宮商，以平、上、去、入為四聲，以此制韻，不可增減，世呼為永明體。"《梁書·庾肩吾傳》："齊永明中，文士王融、謝朓、沈約文章始用四聲，以為新變，至是轉拘聲韻，彌尚麗靡，複逾於往時。"四聲的發現與歸納以及反切注音法的廣泛應用，成為古代韻書得以產生的基礎條件。

古代韻書的出現，標誌著音韻學真正從注釋學中脫胎出來成為一門獨立的學科。據考證，我國最早的韻書是三國時魏國李登所撰的《聲類》。在隋朝陸法言《切韻》以前，就有許多韻書出現。據《切韻·序》中說："呂靜《韻集》、夏侯詠《韻略》、陽休之《韻略》、周思言《音韻》、李季節《音譜》、杜台卿《韻略》等，各有乖互。"《隋書·經籍志》中也提到：《四聲韻林》二十八卷，張諒撰；《四聲韻略》十三卷，夏侯詠撰，等等。遺憾的是，這些韻書至今都蕩然無存，無法窺其真況。總之，韻書的製作到了南北朝的後期，已是空前鼎盛，進入"音韻鋒出"的時代。這些韻書的產生，為《切韻》的出現奠定了很好的基礎和條件。隋代出現的對後世影響最大的陸法言《切韻》則是早期漢語音韻學的集大成之作。爾後，唐宋時人紛紛在它的基礎上加以增補刊削，有的補充若干材料，分立一些韻部，有的增加字數，加詳注解，編為新的韻書。其中最著名的有唐王仁昫所撰的《刊謬補缺切韻》，孫愐所撰的《唐韻》，李舟所撰的《切韻》以及宋代官修的《廣韻》《集韻》等一系列韻書。這些韻書對韻的分析日趨精密，尤其是《廣韻》成為魏晉南北朝隋唐時期韻書的集大成著作。以上所介紹的韻書都是反映中古時期的韻書，它們在中國音韻學史上的貢獻是巨大的，影響也是非常深遠的。

唐末和尚守溫是我國古代最初使用字母來代表聲母的人。他按照雙聲字聲母讀音相同的原則，從所有漢字字音中歸納出三十個不同的聲母，並用漢字給它們一一標目，這就是《敦煌綴瑣》下輯錄守溫"三十字母"。這"三十字母"經過宋人的整理增益，成為後代通行的"三十六字母"。

唐宋三十六字母的產生導致了等韻學的產生和發展。等韻學是漢語音韻學的一個分科。它以漢語的聲韻調系統及其互相配合關係為研究對像，而以編制等韻圖作為表現其語音系統的手段，從而探求漢語的發音原理和發音方法。宋元時期的重要等韻圖大致可以分為兩大類：第一類是反映《切韻》音系的韻圖，如南宋福建福州人張麟之刊行的宋佚名的《韻鏡》，福建莆田人鄭樵撰的《七音略》，都是根據《切韻》中的小韻列為 43 圖，每個小韻的代表字在韻圖中各佔有一個位置；第二類是按當時的實際語音對《切韻》語音系統進行了調整，如託名宋司馬光的《切韻指掌圖》，佚名的《四聲等子》，元劉鑒的《經史正音切韻指南》，均不再按韻書中的小韻列圖，只列 20 個韻圖或 24 個韻圖。

明清時期的等韻學與宋元等韻學一脈相承，其理論基礎、基本原則和研究手段都是從宋元等韻學發展而來，二者聯繫密切。然而，明清時期的韻圖，已逐漸改變了宋元時期韻圖的型制。其表現為兩個方面：一則由於受到理學思想以及外來語音學原理對等韻的影響；二則由於語音的不斷發展變化影響到韻圖編制的內容和格式。根據李新魁《漢語音韻學》考證，明清時期的韻圖可以分為五種類型：一是以反映明清時代的讀書音系統為主的韻圖，它們略帶保守性，保存前代的語音特點較多。如：明袁子讓《字學元元》、葉秉敬《韻表》、無名氏《韻法直圖》、李嘉紹《韻法橫圖》、章黼《韻學集成》和清李光地、王蘭生《音韻闡微韻譜》，樊騰鳳《五方母音》等。二是以表現當時口語的標準音——中原地區共同語標準音為主，它們比較接近現代共同語的語音。如：明桑紹良《青郊雜著》、呂坤《交泰韻》、喬中和《元韻譜》、方以智《切韻聲原》和無名氏《字母切韻要法》等。三是在表現共同語音的基礎上，加上“音有定數定位”的觀念，在實際的音類之外，添上一些讀音的虛位，表現了統包各類讀音的“語音骨架”。如：明末清初馬自援《等音》、清林本裕《聲位》、趙紹箕《拙庵韻語》、潘耒《類音》、勞乃宣《等韻一得》等。四是表現各地方音的韻圖，有的反映北方話的讀法。如：明徐孝《重司馬溫公等韻圖經》、明代來華傳教的法國人金尼閣（Nieolas Trigault）《西儒耳目資》、張祥晉《七音譜》等；有的顯示南方方言的語音，如：陸稼書《等韻便讀》、清吳烺《五聲反切正韻》、程定謨《射聲小譜》、晉安《戚林八音》、黃謙《彙音妙悟》、廖綸璣《拍掌知音》、無名氏《擊掌知音》、謝秀嵐《雅俗通十五音》、張世珍《潮聲十五音》等。五是表現宋元時期韻書的音系的，它們是屬於"述古"的韻圖。如：無名氏《等韻切音指南》、江永《四聲切韻表》、龐大堃《等韻輯略》、梁僧寶《切韻求蒙》等①。

古音學研究也是漢語音韻學研究中的一個重要內容。它主要是研究周秦兩漢語音系統的學問。嚴格地說是研究以《詩經》為代表的上古語音系統的學問。我國早在漢代就有人談到古音。但古音學的真正建立是從宋代開始的。吳棫撰《韻補》，創"古韻通轉"之說；程迥著《古韻通式》，主張"三聲通用，雙聲互轉"；鄭庠撰《古音辨》，分古韻為六部。明代陳第（福建連江人）撰《毛詩古音考·序》提出"時有古今，地有南北，字有更革，音有轉移"的理論，為清代古音學的建立奠定了理論基礎。到了清代，古音學達到全盛時期。主要的古音學家和著作有：顧炎武《音學五書》、江永《古韻標準》、戴震《聲韻考》和《聲類表》、段玉裁《六書音韻表》、孔廣森《詩聲類》、王念孫《合韻譜》、嚴可均《說文聲類》、江有誥《音學十書》、朱駿聲《說文通訓定聲》等。

音韻學還有一個分支，那就是"北音學"。北音學主要研究以元曲和《中原音韻》為代表的近代北方話語音系統。有關北音的韻書還有元人朱宗文的《蒙古字韻》、卓從之的《中州樂府音韻匯通》，明人朱權的《瓊林雅韻》、無名氏的《菉斐軒詞林要韻》、王文璧的《中州音韻》、范善臻的《中州全韻》，清人王鵕的《中州全韻輯要》、沈乘麐的《曲韻驪珠》、周昂的《增訂中州全韻》等。

二　福建近代音韻學研究概述

從永嘉之亂前至明清，中原人士陸續入閩定居，帶來了許多中原的文化。宋南渡之後，大批北方著名人士蜂擁而來，也有不少閩人北上訪學，也將中原文化帶回閩地。如理學開創者周敦頤、張載、程顥、程頤、邵雍等都在北方中原一帶，不少閩人投其門下，深受其影響。如崇安人遊酢、

① 李新魁：《漢語等韻學》，中華書局2004年版。

將樂人楊時曾受業于二程。他們返回閩地後大力傳播理學，後被南宋朱熹改造發揚為“閩學”。

自宋迄清時期，福建在政治、思想、文化、經濟等均得到迅速發展。就古代“小學”（包括音韻、文字、訓詁）而言，就湧現出許許多多的專家和著作。宋朝時期，福建音韻學研究成果很多。如北宋邵武黄伯思的《古文韻》，永泰黄邦俊的《纂韻譜》，武夷山吳棫的《韻補》《毛詩補音》《楚辭釋音》，莆田鄭樵的《七音略》；南宋建陽蔡淵的《古易叶音》，泉州陳知柔的《詩聲譜》，莆田劉孟容的《修校韻略》，福州張鱗之刊行的《韻鏡》等。元明時期音韻學研究成果也不少，如元朝邵武黄公紹的《古今韻會》，邵武熊忠的《古今韻會舉要》《禮部韻略七音三十六母通考》；明朝連江陳第的《毛詩古音考》《屈宋古音義》《讀詩拙言》，晉江黄景昉的《疊韻譜》，林霍的《雙聲譜》，福清林茂槐的《音韻訂訛》等。清代音韻學研究成果十分豐碩。如安溪李光地的《欽定音韻闡微》《音韻闡微韻譜》《榕村韻書》《韻箋》《等韻便覽》《等韻辨疑》《字音圖說》，閩侯潘逢禧的《正音通俗表》，曹雲從的《字韻同音辨解》，光澤高澍然的《詩音十五卷》，閩侯陳壽祺的《越語古音證》，閩侯方邁的《古今通韻輯要》，晉江富中炎的《韻法指南》《等韻》，惠安孫經世的《韻學溯源》《詩韻訂》，王之珂的《占畢韻學》等。

以上韻書涉及上古音、中古音、近代音、等韻學，為我國漢語音韻學史作出了巨大貢獻，影響也是很大的。

三　閩台方言韻書說略

明清時期的方言學家們根據福建不同方言區的語音系統，編撰出許許多多的便於廣大民眾學習的方言韻書。有閩東方言韻書、閩北方言韻書、閩南方言韻書、潮汕方言韻書、臺灣閩南方言韻書以及外國傳教士編撰的方言字典、詞典等。

閩東方言韻書有：明末福州戚繼光編的《戚參軍八音字義便覽》（明末）、福州林碧山的《珠玉同聲》（清初）、晉安彙集的《戚林八音》（1749）、古田鐘德明的《加訂美全八音》（1906），福安陸求藻《安腔八音》（十八世紀末）、鄭宜光《簡易識字七音字彙》（清末民初）等。

閩北方言韻書有：政和明正德年間陳相手抄本《六音字典》（1515）和清朝光緒年間陳家箎手抄本《六音字典》（1894）；建甌林瑞材的《建州八音字義便覽》（1795）等。

閩南方言韻書有：連陽廖綸璣的《拍掌知音》（康熙年間）、泉州黃謙的《彙音妙悟》（1800，泉州音）、漳州謝秀嵐的《彙集雅俗通十五音》（1818）、無名氏的《增補彙音》（1820）、長泰無名氏的《渡江書十五音》（不詳）、葉開恩的《八音定訣》（1894）、無名氏《擊掌知音》（不詳，兼漳泉二腔）。

潮汕方言韻書有：張世珍的《潮聲十五音》（1907）、江夏懋亭氏的《擊木知音》（全名《彙集雅俗十五音全本》，1915）、蔣儒林《潮語十五音》（1921）、潮安蕭雲屏編的《潮語十五音》（1923）、潘載和《潮汕檢音字表》（1933）、澄海姚弗如改編的《潮聲十七音》（1934）、劉繹如改編的《潮聲十八音》（1936）、鳴平編著肅穆改編《潮汕十五音》（1938）、李新魁的《新編潮汕方言十八音》（1975）等。

大陸閩方言韻書對臺灣產生重大影響。臺灣語言學家們模仿大陸閩方言韻書的內容和形式，結合臺灣閩南方言概況編撰新的十五音。反映臺灣閩南方言的韻書主要有：臺灣現存最早的方言韻書為臺灣總督府民政局學務部編撰的《臺灣十五音字母詳解》（1895，臺灣）和《訂正臺灣十五音字母詳解》（1901，臺灣）等。

以上論著均為反映閩方言的韻書和辭書。其數目之多可以說居全國首位。其種類多的原因，與閩方言特別複雜有著直接的關係。

四　閩方言主要韻書的整理及其研究

福建師範大學漢語言文字學專業是2000年國務院學位委員會審批的二級學科博士學位授權點，也是2008年福建省第三批省級重點學科。2009年，該學科學科帶頭人馬重奇教授主持了福建省服務海西重大研究項目“海峽西岸瀕危語言學文獻及資料的挖掘、整理與研究”。經過多年的收集、整理和研究，擬分為兩個專題組織出版：一是由馬重奇教授主編的“清代民初閩方言韻書整理及研究”叢書；二是由林志強教授主編的

“閩籍學者的文字學著作研究”叢書。2010年馬重奇教授又主持了國家社科基金重大招标項目“海峽兩岸閩南方言動態比較研究”，也把閩方言韻書整理与研究作為子課題之一。

“清代民初閩方言韻書整理及研究”叢書的目錄如下：1.《〈增補彙音妙悟〉〈拍掌知音〉整理及研究》；2.《〈彙集雅俗通十五音〉整理及研究》；3.《〈增補彙音〉整理及研究》；4.《〈渡江書十五音〉整理及研究》；5.《〈八音定訣〉整理及研究》；6.《〈潮聲十五音〉整理及研究》；7.《〈潮語十五音〉整理及研究》；8.《〈潮聲十七音〉整理及研究》；9.《〈擊木知音〉整理及研究》；10.《〈安腔八音〉整理及研究》；11.《〈加訂美全八音〉整理及研究》；12.《〈建州八音字義便覽〉整理及研究》。

關於每部韻書的整理，我們的原則是：

1. 每本新編閩方言韻書，均根據相關的古版本以及學術界相關的研究成果進行校勘和校正。

2. 每本方言韻書均以原韻書為底本進行整理，凡韻書編排較亂者，根據韻字的音韻學地位重新編排。

3. 韻書有字有音而無釋義者，根據有關工具書補充字義。

4. 凡是錯字、錯句或錯段者，整理者直接改之。

5. 通過整理，以最好的閩方言韻書呈現於廣大讀者的面前，以滿足讀者和研究者學習的需要。

至於每部韻書的研究，我們的原則是：

1. 介紹每部韻書的作者、成書時間、時代背景、各種版本。

2. 介紹每部韻書在海內外學術界的研究動態。

3. 研究每部韻書的聲韻調系統，既做共時的比較也做歷時的比較，考證出音系、音值。

4. 考證出每部韻書的音系性質以及在中國方音史上的地位和影響。

“清代民初閩方言韻書整理及研究”叢書的順利出版，首先要感謝福建省人民政府對“福建省服務海西重大研究項目‘海峽西岸瀕危語言學文獻及資料的挖掘、整理與研究’”經費上的支持！我們還要特別感謝中國社會科學出版社張林編審的鼎立支持！感謝她為本套叢書的編輯、校對、出版所付出的辛勤勞動！

在本書撰寫過程中，著者們吸收了學術界許多研究成果，書後參考書目中已一一列出，這裡不再一一說明，在此一併表示感謝！然而，由於著者水準所限，書中的錯誤在所難免，望學術界的朋友們多加批評指正。

2021 年 5 月於福州倉山書香門第

目　　錄

《潮聲十五音》與汕頭方言音系

馬重奇

一 《潮聲十五音》作者、成書時間及其體例

《潮聲十五音》，清末張世珍輯。張氏為廣東澄海隆都（原屬饒平）人。書前有李世銘寫于宣統元年（1909）的序和張氏寫於光緒三十三年（1907）的自序。其自序謂“是編特為不識字者輯之”，“有友人傳授本屬潮聲十五音，其字母四十有四，潛心講求，未越一月，頗能通曉，然此系口傳，非有實授，迨後日久時長，逐字謄錄，匯成一編。”該書自序之後還有“凡例”17 條，詳細介紹《潮聲十五音》編撰體例。此書有汕頭文明商務書局石印本。

《潮聲十五音》書首有《四十四字母分八音》《附潮屬土音口頭語氣》《潮聲十五音字母四十四字》《潮聲八音》《潮聲君部上平聲十五音》《潮聲基部上上聲十五音》等，分別排比了該書的聲、韻、調系統。其中《附潮屬土音口頭語氣》教人如何拼讀：

問何處曰治～：歌部下去聲地～（按：～應擬音為［to⁷］）；
呼雞聲～～～：龜部下上聲地～（按：～應擬音為［tu⁶］）；
問何人曰治～：堅部下平聲地～（按：～應擬音為［tiaŋ⁵］）；
呼貓聲～～～：基部下上聲柳～（按：～應擬音為［li⁶］）；
銅銅聲～～叫：堅部上平聲柳～（按：～應擬音為［liaŋ¹］）；
呼鴨聲～～～：基部下上聲文～（按：～應擬音為［bi⁶］）；
逐豬聲曰～～：皆部下去聲喜～（按：～應擬音為［hai⁷］）；
止牛行聲～～：哥部下去聲喜～（按：～應擬音為［ho⁷］）；
逐雞聲曰～～：龜部下平聲時～（按：～應擬音為［su⁵］）；

應答人聲～～：雞部下上聲英～（按：～應擬音為［oi^{6}］）；
時鐘聲～～叫：堅部上平聲地～（按：～應擬音為［$tia\eta^{1}$］）；
雞母聲～～叫：公部下入聲求～（按：～應擬音為［kok^{8}］）；
蛤子聲～～叫：嬌部下入聲英～（按：～應擬音為［$iau\text{ʔ}^{8}$］）；
老鼠聲～～叫：鳩部下入聲增～（按：～應擬音為［$tsiu\text{ʔ}^{8}$］）；
鵲鳥聲～～叫：嬌部下入聲增～（按：～應擬音為［$tsiau\text{ʔ}^{8}$］）；
老蛤聲～～叫：甘部下入聲求～（按：～應擬音為［kap^{8}］）；
豬哥聲～～叫：哥部上入聲喜～（按：～應擬音為［$ho\text{ʔ}^{4}$］）；
鳥飛聲～～叫：居部上去聲他～（按：～應擬音為［$t‘\text{ɯ}^{3}$］）；
豬母聲～～叫：居部上去聲喜～（按：～應擬音為［$h\text{ɯ}^{3}$］）；
蛩鳴聲～～叫：基部上去聲求～（按：～應擬音為［ki^{3}］）；
惡婦聲～～叫：家部下上聲求～（按：～應擬音為［ke^{6}］）；
滴水聲～～叫：公部下上聲地～（按：～應擬音為［$to\eta^{6}$］）；
霹靂聲～～叫：家部下入聲柳～（按：～應擬音為［$le\text{ʔ}^{8}$］）；
啟門聲～～叫：乖部上平聲英～（按：～應擬音為［uai^{1}］）；
颶風聲～～叫：堅部上入聲頗～（按：～應擬音為［$p‘iak^{4}$］）；
賣物聲～～叫：哥部上平聲英～（按：～應擬音為［o^{1}］）；
透風聲～～叫：膠部上去聲喜～（按：～應擬音為［ha^{3}］）；
挨礱聲～～叫：龜部上去聲喜～（按：～應擬音為［hu^{3}］）；
鳴鑼聲～～叫：皆部上去聲去～（按：～應擬音為［$k‘ai^{3}$］）；
打石聲～～叫：堅部下入聲去～（按：～應擬音為［$k‘iak^{8}$］）；
落雨聲～～叫：膠部上去聲時～（按：～應擬音為［sa^{3}］）；
飯滾聲～～叫：龜部上去聲求～（按：～應擬音為［ku^{3}］）。
口頭土音不能盡錄，右三十四音以為學者證其字音之正也。

書云："前列字母四十四字，逐字分為平上去入四聲，上下共八音，更將八音中又逐字分為十五音，如此習誦三法，既熟則聞音便知其韻無難事也。"這裡的"四十四字"，即指四十四個韻部。"八音"即指上平聲、上上聲、上去聲、上入聲、下平聲、下上聲、下去聲、下入聲，我們分別以 1、2、3、4、5、6、7、8 來表示。"十五音"，即指十五個聲母。查詢每一個字，先查韻部，次查聲調，再查聲母。如"飯滾聲～～叫：龜部上去聲求～”，即要查詢“～”字，必須查龜部，上去聲調，再查求母，根據現代汕頭方音可擬音為［ku^3］。

《潮聲十五音》正文的編排體例，基本上採用漳州方言韻書《彙集雅俗通十五音》的編排體例。每個韻部均以八個聲調（上平聲、上上聲、上去聲、上入聲、下平聲、下上聲、下去聲、下入聲）分為八個部分，每個部分上部橫列十五個聲母字（柳邊求去地坡他增入時英文語出喜），每個聲母字之下縱列同音字，每個韻字之下均有注釋。

以下從聲、韻、調三個方面來研究探討《潮聲十五音》的音系性質。

二 《潮聲十五音》聲母系統

《潮聲十五音》書前附有《潮聲君部上平聲十五音》和《潮聲基部上上聲十五音》，表示該韻書的聲母系統。其標記法也是模仿漳州方言韻書《彙集雅俗通十五音》十五音標記法。

《潮聲君部上平聲十五音》：

柳腀　邊分　求君　去坤　地敦　坡奔　他吞　增尊　入㦞　時孫　英溫　文蚊　語○　出春　喜芬。

《潮聲基部上上聲十五音》：

柳裡　邊比　求己　去啟　地氐　坡丕　他體　增止　入○　時始　英以　文靡　語議　出恥　喜喜。

根據《廣東閩方言語音研究》關於粵東各縣、市的閩南語方言材料，《潮聲十五音》聲母系統及其擬音如下：

	聲母系統																	
潮聲十五音	邊	坡	文		地	他	柳		增	出	時	入	求	去	語		喜	英
汕頭話	p	p‘	b	m	t	t‘	n	l	ts	ts‘	s	z	k	k‘	g	ŋ	h	ø
潮州話	p	p‘	b	m	t	t‘	n	l	ts	ts‘	s	z	k	k‘	g	ŋ	h	ø
澄海話	p	p‘	b	m	t	t‘	n	l	ts	ts‘	s	z	k	k‘	g	ŋ	h	ø
潮陽話	p	p‘	b	m	t	t‘	n	l	ts	ts‘	s	z	k	k‘	g	ŋ	h	ø
揭陽話	P	p‘	b	m	t	t‘	n	l	ts	ts‘	s	z	k	k‘	g	ŋ	h	ø
海豐話	P	p‘	b	m	t	t‘	n	l	ts	ts‘	s	z	k	k‘	g	ŋ	h	ø

從上可見，現代潮汕方言的聲母系統還是比較一致的。現將《潮聲十五音》聲母系統擬音如下：

1. 柳 [l/n]	2. 邊 [p]	3. 求 [k]	4. 去 [k‘]	5. 地 [t]
6. 坡 [p‘]	7. 他 [t‘]	8. 增 [ts]	9. 入 [z]	10. 時 [s]
11. 英 [ø]	12. 文 [b/m]	13. 語 [g/ŋ]	14. 出 [ts‘]	15. 喜 [h]

林、陳在書中指出，“[b－、g－、l－] 三個濁音聲母不拼鼻化韻母；[m－、n－、ŋ－] 三個鼻音聲母與元音韻母相拼後，元音韻母帶上鼻化成分，即 [me] = [mẽ]、[ne] = [nẽ]、[ŋe] = [ŋẽ]。所以可以認為 [m－、n－、ŋ－] 不拼元音韻母，與 [b－、g－、l－] 不拼鼻化韻母互補。”這是柳 [l/n]、文 [b/m]、語 [g/ŋ] 在不同語音條件下所構擬的音值。

三 《潮聲十五音》韻母系統

(一)《潮聲十五音》的音系性質

據考察，潮汕諸方言聲母系統和聲調系統基本上是一致的，有差異的主要表現在韻母方面。每一部方言韻書都有其特點，都反映某種方言的音系性質。《潮聲十五音》就有其特有的音系性質。

《潮聲十五音》書前附有《四十四字母分八音》和《潮聲十五音字母四十四字》，表示潮汕方言的韻母系統。《四十四字母分八音》：

君滾○骨裙郡棍滑	家假○格枷下嫁○	高九○○猴厚告○	金錦○急○妗禁及
雞改易莢蛙○計挾	公管○國○○貢咯	姑古○○糊靠雇○	兼歉○劫鹹○劍唊
基己○砌棋忌記○	堅強○潔○建見傑	京子○○行件鏡○	官趕汗○寒○○○
皆改○○個○界○	恭拱○鞠○○○○	君 緊○吉○肣絹○	鈞謹○○○近艮○
居舉○○○巨鋸○	歌稿○閣撾個塊○	光廣○訣○倦貫○	歸鬼縣○跪跪貴○
庚梗○隔○○徑○	鳩久壽○毬咎救○	瓜 ○○葛○○褂○	江講共角○○降○
膠絞○甲○咬教○	嬌皦○○○撬叫○	乖拐○○○○怪○	肩繭○○○○間○
扛卷○○○○鑽○	弓竟○菊貧競敬局	龜蟲故吸○俱句○	柑敢○○○○酵○
佳假○揭○崎寄屐	甘感○蛤頷○監哈	瓜粿葵郭○很過半	薑○○○強○○○
叨部與皆部同韻故不載	囉部與歌部同韻亦不載	哖部與基部同韻又不載	燒○轎卩橋○叫○

此表雖說四十四個韻部，但只列了四十個韻部，且吻部與皆部同，囉部與歌部同，哖部與基部同，實際上只有三十七個韻部。《潮聲十五音字母四十四字》：

君	家	高	金	雞	公	姑	兼	基	堅	京	官	皆	恭	君	鈞	居	歌	光	光	歸	庚
鳩	瓜	江	膠	堅	嬌	基	乖	肩	扛	弓	龜	柑	公	佳	甘	瓜	薑	吻	囉	哖	燒

此表列有四十四個字母，但其中“公”“基”“堅”“光”四個字母重出，“吻”與“皆”同，“囉”與“歌”同，“哖”與“基”同，實際上只有三十七個字母。

根據現代潮汕方言，我們運用“排除法”，可考證出《潮聲十五音》音系性質。

首先，《潮聲十五音》[①] 有金部［im/ip］、甘部［am/ap］、兼部［iam/iap］三部語音上的對立，惟獨澄海話金部與君部［iŋ/ik］合併，讀作［iŋ/ik］；甘部與江部合併，讀作［aŋ/ak］；兼部與堅部合併，讀作［iaŋ/iak］。因此，《潮聲十五音》絕不可能反映澄海方言音系。

其次，《潮聲十五音》君部讀作［uŋ/uk］，沒有［uŋ/uk］和［un/ut］的對立，而海豐話則有［un/ut］；《潮聲十五音》君部讀作［iŋ/ik］，沒有［iŋ/ik］和［in/it］的對立，而海豐話則有［in/it］；《潮聲十五音》鈞部讀作［ɤŋ/ɤk］，而海豐話沒有此讀，該部則有［ŋ/ŋʔ］、［uĩ］、［in/it］三讀；《潮聲十五音》居部［ɯ］與龜部［u/uʔ］、枝部［i/iʔ］是對立的，而海豐話則無［ɯ］一讀，該部字則讀作［u］或［i］；扛部在汕頭、潮州、澄海、潮陽、揭陽等方言裡均讀作［ŋ］，而惟獨海豐方言則有［ŋ］和［uĩ］二讀。因此，《潮聲十五音》也不可能是反映海豐方言音系。

再次，《潮聲十五音》兼部讀作［iam/iap］，無［iam/iap］和［uam/uap］語音上的對立，而潮州、潮陽、揭陽、海豐方言則存有［iam/iap］

① 馬重奇：《〈潮聲十五音〉音系研究》，《福建論壇》（人文社會科學版）2006 年第 12 期。

和［uam/uap］兩讀；《潮聲十五音》肩部讀作［õi］，無［õi］和［ãi］語音上的對立，而潮陽、揭陽、海豐方言則無［õi］，而有［ãi］；《潮聲十五音》恭部讀作［ioŋ/iok］，而無［ioŋ/iok］和［ueŋ/uek］語音上的對立，而潮陽、揭陽則有［ueŋ/uek］。可見，《潮聲十五音》也不可能是反映潮陽、揭陽方言音系。

最后，《潮聲十五音》有堅部［iaŋ/iak］和弓部［eŋ/ek］語音上的對立，而無［iaŋ/iak］和［ieŋ/iek］的對立，潮州則有［iaŋ/iak］、［eŋ/ek］和［ieŋ/iek］的對立；《潮聲十五音》光部讀作［uaŋ/uak］，而無［ueŋ/uek］，潮州、潮陽、揭陽則有［uaŋ/uak］和［ueŋ/uek］的對立。可見，《潮聲十五音》也不可能反映潮州方言音系。通過以上分析，我們可以推測《潮聲十五音》不可能反映潮州、澄海、潮陽、揭陽、海豐諸方言音系，而所反映的則是汕頭方言音系。

（二）《潮聲十五音》韻母系統的音值構擬

《潮聲十五音》三十七個韻部，共分四卷。下面我們把該韻書的每一個韻部字與粵東地區汕頭、潮州、澄海、潮陽、揭陽和海豐六個方言代表點進行歷史比較，然後構擬出其音值。

甲，卷一：君家高金雞公姑兼

1. *君部*

君部在粵東潮汕方言中多數讀作［uŋ/uk］，惟獨海豐方言讀作［un/ut］。現根據汕頭方言將君部擬音為［uŋ/uk］。

例字	汕頭	潮州	澄海	潮陽	揭陽	海豐
分	puŋ^{1}	puŋ^{1}	puŋ^{1}	puŋ^{1}	puŋ^{1}	pun^{1}
忍	luŋ^{2}	luŋ^{2}	luŋ^{2}	luŋ^{2}	luŋ^{2}	lun^{2}
寸	tsʻuŋ^{3}	tsʻuŋ^{3}	tsʻuŋ^{3}	tsʻuŋ^{3}	tsʻuŋ^{3}	tsʻun^{3}
出	tsʻuk^{4}	tsʻuk^{4}	tsʻuk^{4}	tsʻuk^{4}	tsʻuk^{4}	tsʻut^{4}
輪	luŋ^{5}	luŋ^{5}	luŋ^{5}	luŋ^{5}	luŋ^{5}	lun^{5}
論	luŋ^{6}	luŋ^{6}	luŋ^{6}	luŋ^{6}	luŋ^{6}	lun^{6}
飯	puŋ^{7}	puŋ^{7}	puŋ^{7}	puŋ^{7}	puŋ^{7}	pun^{7}
律	lut^{8}	lut^{8}	lut^{8}	lut^{8}	lut^{8}	lut^{8}

2. 家部

此部在粵東潮汕方言中均讀作［e/eʔ］。現根據汕頭方言將家部擬音為［e/eʔ］。

例字	汕頭	潮州	澄海	潮陽	揭陽	海豐
加	ke^1	ke^1	ke^1	ke^1	ke^1	ke^1
把	pe^2	pe^2	pe^2	pe^2	pe^2	pe^2
債	tse^3	tse^3	tse^3	tse^3	tse^3	tse^3
口	$keʔ^4$	$keʔ^4$	$keʔ^4$	$keʔ^4$	$keʔ^4$	$keʔ^4$
茶	te^5	te^5	te^5	te^5	te^5	te^5
父	pe^6	pe^6	pe^6	pe^6	pe^6	pe^6
夏	he^7	he^7	he^7	he^7	he^7	he^7
帛	$peʔ^8$	$peʔ^8$	$peʔ^8$	$peʔ^8$	$peʔ^8$	$peʔ^8$

3. 高部

此部在粵東潮汕方言中均讀作［au］，韻書中的入聲韻基本不用。現根據汕頭方言將高部擬音為［au/auʔ］。

例字	汕頭	潮州	澄海	潮陽	揭陽	海豐
郊	kau^1	kau^1	kau^1	kau^1	kau^1	kau^1
潦	lau^2	lau^2	lau^2	lau^2	lau^2	lau^2
奏	$tsau^3$	$tsau^3$	$tsau^3$	$tsau^3$	$tsau^3$	$tsau^3$
口 $pauʔ^4$	—	—	—	—	—	—
劉	lau^5	lau^5	lau^5	lau^5	lau^5	lau^5
厚	kau^6	kau^6	kau^6	kau^6	kau^6	kau^6
漏	lau^7	lau^7	lau^7	lau^7	lau^7	lau^7
樂 $gauʔ^8$	—	—	—	—	—	—

4. 金部

此部除澄海方言讀作［iŋ/ik］以外，其他地區讀音均為［im/ip］。現根據汕頭方言將金部擬音為［im/ip］。

例字	汕頭	潮州	澄海	潮陽	揭陽	海豐
今	kim^1	kim^1	$ki\eta^1$	kim^1	kim^1	kim^1
錦	kim^2	kim^2	$ki\eta^2$	kim^2	kim^2	kim^2
禁	kim^3	kim^3	$ki\eta^3$	kim^3	kim^3	kim^3
給	kip^4	kip^4	kik^4	kip^4	kip^4	kip^4
琳	lim^5	lim^5	$li\eta^5$	lim^5	lim^5	lim^5
甚	sim^6	sim^6	$si\eta^6$	sim^6	sim^6	sim^6
任	zim^7	zim^7	$zi\eta^7$	zim^7	zim^7	zim^7
入	zip^8	zip^8	zik^8	zip^8	zip^8	zip^8

5. 雞部

此部在粵東潮汕方言中多數讀作［oi/oiʔ］，只有海豐讀作［i］、［ei］、［eʔ］。現根據汕頭方言將雞部擬音為［oi/oiʔ］。

例字	汕頭	潮州	澄海	潮陽	揭陽	海豐
街	koi^1	koi^1	koi^1	koi^1	koi^1	kei^1
禮	loi^2	loi^2	loi^2	loi^2	loi^2	li^2
疥	koi^3	koi^3	koi^3	koi^3	koi^3	ki^3
捌	$poi\text{ʔ}^4$	$poi\text{ʔ}^4$	$poi\text{ʔ}^4$	$poi\text{ʔ}^4$	$poi\text{ʔ}^4$	$pe\text{ʔ}^4$
齊	$tsoi^5$	$tsoi^5$	$tsoi^5$	$tsoi^5$	$tsoi^5$	$tsei^5$
第	toi^6	toi^6	toi^6	toi^6	toi^6	tei^6
賣	boi^7	boi^7	boi^7	boi^7	boi^7	bei^7
拔	$poi\text{ʔ}^8$	$poi\text{ʔ}^8$	$poi\text{ʔ}^8$	$poi\text{ʔ}^8$	$poi\text{ʔ}^8$	$pe\text{ʔ}^8$

6. 公部

此部在粵東潮汕方言中均為［oŋ/ok］。現根據汕頭方言將公部擬音為［oŋ/ok］。

例字	汕頭	潮州	澄海	潮陽	揭陽	海豐
功	$koŋ^1$	$koŋ^1$	$koŋ^1$	$koŋ^1$	$koŋ^1$	$koŋ^1$
管	$koŋ^2$	$koŋ^2$	$koŋ^2$	$koŋ^2$	$koŋ^2$	$koŋ^2$
凍	$toŋ^3$	$toŋ^3$	$toŋ^3$	$toŋ^3$	$toŋ^3$	$toŋ^3$
谷	kok^4	kok^4	kok^4	kok^4	kok^4	kok^4
濃	$loŋ^5$	$loŋ^5$	$loŋ^5$	$loŋ^5$	$loŋ^5$	$loŋ^5$
動	$toŋ^6$	$toŋ^6$	$toŋ^6$	$toŋ^6$	$toŋ^6$	$toŋ^6$
磅	$poŋ^7$	$poŋ^7$	$poŋ^7$	$poŋ^7$	$poŋ^7$	$poŋ^7$
逐	tok^8	tok^8	tok^8	tok^8	tok^8	tok^8

7. 姑部

此部在粵東潮汕方言中均讀作［ou］，韻書中無入聲韻字。現根據汕頭方言將姑部擬音為［ou］。

例字	汕頭	潮州	澄海	潮陽	揭陽	海豐
都	tou^1	tou^1	tou^1	tou^1	tou^1	tou^1
脯	pou^2	tou^1	tou^1	tou^1	tou^1	tou^1
傅	pou^3	pou^3	pou^3	pou^3	pou^3	pou^3
屠	tou^5	tou^5	tou^5	tou^5	tou^5	tou^5
杜	tou^6	tou^6	tou^6	tou^6	tou^6	tou^6
露	lou^7	lou^7	lou^7	lou^7	lou^7	lou^7

8. 兼部

此部在汕頭、潮州、潮陽、揭陽、海豐方言均讀作［iam/iap］，只有澄海讀作［iaŋ/iak］。現根據汕頭方言將兼部擬音為［iam/iap］。

例字	汕頭	潮州	澄海	潮陽	揭陽	海豐
蒹	kiam^{1}	kiam^{1}	kiaŋ^{1}	kiam^{1}	kiam^{1}	kiam^{1}
點	tiam^{2}	tiam^{2}	tiaŋ^{2}	tiam^{2}	tiam^{2}	tiam^{2}
店	tiam^{3}	tiam^{3}	tiaŋ^{3}	tiam^{3}	tiam^{3}	tiam^{3}
攝	liap^{4}	liap^{4}	liak^{4}	liap^{4}	liap^{4}	liap^{4}
廉	liam^{5}	liam^{5}	liaŋ^{5}	liam^{5}	liam^{5}	liaŋ^{5}
殮	liam^{6}	liam^{6}	liaŋ^{6}	liam^{6}	liam^{6}	liam^{6}
豔	iam^{7}	iam^{7}	iaŋ^{7}	iam^{7}	iam^{7}	iam^{7}
婕	tsiap^{8}	tsiap^{8}	tsiak^{8}	tsiap^{8}	tsiap^{8}	tsiap^{8}

乙，卷二：基堅京官皆恭君

9. 基部（此部與哖部同）

此部在粵東潮汕方言中均讀作［i/iʔ］。現根據汕頭方言將基部擬音為［i/iʔ］。

例字	汕頭	潮州	澄海	潮陽	揭陽	海豐
碑	pi^{1}	pi^{1}	pi^{1}	pi^{1}	pi^{1}	pi^{1}
李	li^{2}	li^{2}	li^{2}	li^{2}	li^{2}	li^{2}
秘	pi^{3}	pi^{3}	pi^{3}	pi^{3}	pi^{3}	pi^{3}
鱉	piʔ^{4}	piʔ^{4}	piʔ^{4}	piʔ^{4}	piʔ^{4}	piʔ^{4}
纏	ti^{5}	ti^{5}	ti^{5}	ti^{5}	ti^{5}	ti^{5}
被	pi^{6}	pi^{6}	pi^{6}	pi^{6}	pi^{6}	pi^{6}
地	ti^{7}	ti^{7}	ti^{7}	ti^{7}	ti^{7}	ti^{7}
裂	liʔ^{8}	liʔ^{8}	liʔ^{8}	liʔ^{8}	liʔ^{8}	liʔ^{8}

10. 堅部

此部除潮州方言在音值上多數讀［ieŋ/iek］，但也有讀作［iaŋ/iak］，其他地區讀音均為［iaŋ/iak］。現根據汕頭方言將堅部擬音為［iaŋ/iak］。

例字	汕頭	潮州	澄海	潮陽	揭陽	海豐
鞭	$piaŋ^1$	$pieŋ^1/piaŋ^1$	$piaŋ^1$	$piaŋ^1$	$piaŋ^1$	$piaŋ^1$
典	$tiaŋ^2$	$tieŋ^2/tiaŋ^2$	$tiaŋ^2$	$tiaŋ^2$	$tiaŋ^2$	$tiaŋ^2$
變	$piaŋ^3$	$pieŋ^3/piaŋ^3$	$piaŋ^3$	$piaŋ^3$	$piaŋ^3$	$piaŋ^3$
秩	$tiak^4$	$tiak^4/tiek^4$	$tiak^4$	$tiak^4$	$tiak^4$	$tiak^4$
緬	$biaŋ^5$	$bieŋ^5/biaŋ^5$	$biaŋ^5$	$biaŋ^5$	$biaŋ^5$	$biaŋ^5$
諒	$liaŋ^6$	$lieŋ^6/liaŋ^6$	$liaŋ^6$	$liaŋ^6$	$liaŋ^6$	$liaŋ^6$
練	$liaŋ^7$	$lieŋ^7/liaŋ^7$	$liaŋ^7$	$liaŋ^7$	$liaŋ^7$	$liaŋ^7$
別	$piak^8$	$piak^8/piek^8$	$piak^8$	$piak^8$	$piak^8$	$piak^8$

11. 京部

此部在粵東潮汕方言中均讀作［iã］，無入聲韻字。現根據汕頭方言將京部擬音為［iã］。

例字	汕頭	潮州	澄海	潮陽	揭陽	海豐
京	$kiã^1$	$kiã^1$	$kiã^1$	$kiã^1$	$kiã^1$	$kiã^1$
嶺	$niã^2$	$niã^2$	$niã^2$	$niã^2$	$niã^2$	$niã^2$
鏡	$kiã^3$	$kiã^3$	$kiã^3$	$kiã^3$	$kiã^3$	$kiã^3$
城	$siã^5$	$siã^5$	$siã^5$	$siã^5$	$siã^5$	$siã^5$
件	$kiã^6$	$kiã^6$	$kiã^6$	$kiã^6$	$kiã^6$	$kiã^6$
定	$tiã^7$	$tiã^7$	$tiã^7$	$tiã^7$	$tiã^7$	$tiã^7$

12. 官部

此部在粵東潮汕方言中均讀作［uã］，無入聲韻字。現根據汕頭方言將官部擬音為［uã］。

例字	汕頭	潮州	澄海	潮陽	揭陽	海豐
般	puã^{1}	puã^{1}	puã^{1}	puã^{1}	puã^{1}	puã^{1}
寡	kuã^{2}	kuã^{2}	kuã^{2}	kuã^{2}	kuã^{2}	kuã^{2}
半	puã^{3}	puã^{3}	puã^{3}	puã^{3}	puã^{3}	puã^{3}
寒	kuã^{5}	kuã^{5}	kuã^{5}	kuã^{5}	kuã^{5}	kuã^{5}
伴	puã^{6}	puã^{6}	puã^{6}	puã^{6}	puã^{6}	puã^{6}
汗	kuã^{7}	kuã^{7}	kuã^{7}	kuã^{7}	kuã^{7}	kuã^{7}

13. 皆部（此部与吻部同）

此部在粵東潮汕方言中均讀作［ai］，無入聲韻字。現根據汕頭方言將皆部擬音為［ai］。

例字	汕頭	潮州	澄海	潮陽	揭陽	海豐
栽	tsai^{1}	tsai^{1}	tsai^{1}	tsai^{1}	tsai^{1}	tsai^{1}
乃	lai^{2}	lai^{2}	lai^{2}	lai^{2}	lai^{2}	lai^{2}
湃	pai^{3}	pai^{3}	pai^{3}	pai^{3}	pai^{3}	pai^{3}
梨	lai^{5}	lai^{5}	lai^{5}	lai^{5}	lai^{5}	lai^{5}
怠	tai^{6}	tai^{6}	tai^{6}	tai^{6}	tai^{6}	tai^{6}
礙	gai^{7}	gai^{7}	gai^{7}	gai^{7}	gai^{7}	gai^{7}

14. 恭部

此部在粵東潮汕方言中多數讀作［ioŋ/iok］，只有潮陽、揭陽還有另一讀［ueŋ/uek］。現根據汕頭方言將恭部擬音為［ioŋ/iok］。

例字	汕頭	潮州	澄海	潮陽	揭陽	海豐
雍	ioŋ^{1}	ioŋ^{1}	ioŋ^{1}	ioŋ^{1}/ueŋ^{1}	ioŋ^{1}/ueŋ^{1}	ioŋ^{1}
拱	kioŋ^{2}	kioŋ^{2}	kioŋ^{2}	kioŋ^{2}/kueŋ^{2}	kioŋ^{2}/kueŋ^{2}	kioŋ^{2}
擁	ioŋ^{3}	ioŋ^{3}	ioŋ^{3}	ioŋ^{3}/ueŋ^{3}	ioŋ^{3}/ueŋ^{3}	ioŋ^{3}
麴	kiok^{4}	kiok^{4}	kiok^{4}	kiok^{4}/uek^{4}	kiok^{4}/uek^{4}	kiok^{4}
容	ioŋ^{5}	ioŋ^{5}	ioŋ^{5}	ioŋ^{5}/ueŋ^{5}	ioŋ^{5}/ueŋ^{5}	ioŋ^{5}
傭	ioŋ^{6}	ioŋ^{6}	ioŋ^{6}	ioŋ^{6}/ueŋ^{6}	ioŋ^{6}/ueŋ^{6}	ioŋ^{6}
浴	iok^{8}	iok^{8}	iok^{8}	iok^{8}/uek^{8}	iok^{8}/uek^{8}	iok^{8}

15. 君部

此部在粵東潮汕方言中多數讀作［iŋ/ik］，揭陽方言讀作［eŋ/ek］，海豐方言有兩讀：［iŋ/ik］和［in/it］。現根據汕頭方言將君部擬音為［iŋ/ik］。

例字	汕頭	潮州	澄海	潮陽	揭陽	海豐
彬	piŋ^{1}	piŋ^{1}	piŋ^{1}	piŋ^{1}	peŋ^{1}	piŋ^{1}
緊	kiŋ^{2}	kiŋ^{2}	kiŋ^{2}	kiŋ^{2}	keŋ^{2}	kin^{2}
鎮	tiŋ^{3}	tiŋ^{3}	tiŋ^{3}	tiŋ^{3}	teŋ^{3}	tiŋ^{3}
得	tik^{4}	tik^{4}	tik^{4}	tik^{4}	tek^{4}	tik^{4}
塵	tiŋ^{5}	tiŋ^{5}	tiŋ^{5}	tiŋ^{5}	teŋ^{5}	tiŋ^{54}
盡	tsiŋ^{6}	tsiŋ^{6}	tsiŋ^{6}	tsiŋ^{6}	tseŋ^{6}	tsiŋ^{6}
陣	tiŋ^{7}	tiŋ^{7}	tiŋ^{7}	tiŋ^{7}	teŋ^{7}	tiŋ^{7}
日	zik^{8}	zik^{8}	zik^{8}	zik^{8}	zek^{8}	zit^{8}

丙，卷三：鈞居歌光歸庚鳩瓜江膠

16. 鈞部

此部在汕頭、潮州、澄海方言中讀作［ɤŋ/ɤk］，揭陽方言讀作［eŋ/ek］，潮陽方言有［iŋ/ik］和［ŋ/ŋʔ］兩讀，海豐方言读作［in/it］、［ŋ/ŋʔ］、［uĩ］。現根據汕頭方言將鈞部擬音為［ɤŋ/ɤk］。

例字	汕頭	潮州	澄海	潮陽	揭陽	海豐
斤	kɤŋ^{1}	kɤŋ^{1}	kɤŋ^{1}	kiŋ^{1}/kŋ^{1}	keŋ^{1}	kin^{1}
僅	kɤŋ^{2}	kɤŋ^{2}	kɤŋ^{2}	kiŋ^{2}/kŋ^{2}	keŋ^{2}	kin^{2}
覲	kɤŋ^{3}	kɤŋ^{3}	kɤŋ^{3}	kiŋ^{3}/kŋ^{3}	keŋ^{3}	kŋ^{3}
乞	k‘ɤk^{4}	k‘ɤk^{4}	k‘ɤk^{4}	k‘ik^{4}	k‘ek^{4}	k‘it^{4}
芹	k‘ɤŋ^{5}	k‘ɤŋ^{5}	k‘ɤŋ^{5}	k‘iŋ^{5}/k‘ŋ^{5}	k‘eŋ^{5}	k‘in^{5}
恨	hɤŋ^{6}	hɤŋ^{6}	hɤŋ^{6}	hiŋ^{6}/hŋ^{6}	heŋ^{6}	hin^{6}

17. 居部

此部在汕頭、潮州、澄海、揭陽方言中均讀作［ɯ］，潮陽方言讀作

［u］，海豐方言有兩讀［i］和［u］，此部無入聲韻字。現根據汕頭方言將居部擬音為［ɯ］。

例字	汕頭	潮州	澄海	潮陽	揭陽	海豐
車	kɯ^{1}	kɯ^{1}	kɯ^{1}	ku^{1}	kɯ^{1}	ki^{1}
矩	kɯ^{2}	kɯ^{2}	kɯ^{2}	ku^{2}	kɯ^{2}	ki^{2}
賜	sɯ^{3}	sɯ^{3}	sɯ^{3}	su^{3}	sɯ^{3}	su^{3}
衢	k‘ɯ^{5}	k‘ɯ^{5}	k‘ɯ^{5}	k‘u^{5}	k‘ɯ^{5}	k‘i^{55}
炬	kɯ^{6}	kɯ^{6}	kɯ^{6}	ku^{6}	kɯ^{6}	ki^{6}
箸	tɯ^{7}	tɯ^{7}	tɯ^{7}	tu^{7}	tɯ^{7}	ti^{7}

18. 歌部（此部與囉部同）

此部在粵東潮汕方言中均讀作［o/oʔ］。現根據汕頭方言將歌部擬音為［o/oʔ］。

例字	汕頭	潮州	澄海	潮陽	揭陽	海豐
糕	ko^{1}	ko^{1}	ko^{1}	ko^{1}	ko^{1}	ko^{1}
棗	tso^{2}	tso^{2}	tso^{2}	tso^{2}	tso^{2}	tso^{2}
告	ko^{3}	ko^{3}	ko^{3}	ko^{3}	ko^{3}	ko^{3}
索	soʔ^{4}	soʔ^{4}	soʔ^{4}	soʔ^{4}	soʔ^{4}	soʔ^{4}
牢	lo^{5}	lo^{5}	lo^{5}	lo^{5}	lo^{5}	lo^{5}
佐	tso^{6}	tso^{6}	tso^{6}	tso^{6}	tso^{6}	tso^{6}
帽	bo^{7}	bo^{7}	bo^{7}	bo^{7}	bo^{7}	bo^{7}
泊	poʔ^{8}	poʔ^{8}	poʔ^{8}	poʔ^{8}	poʔ^{8}	poʔ^{8}

19. 光部

此部在粵東汕頭、澄海讀作［uaŋ/uak］，潮州、潮陽、揭陽、海豐方言有三讀：［uaŋ/uak］、［ueŋ/uek］和［uam/uap］。現根據汕頭方言將光部擬音為［uaŋ/uak］。

例字	汕頭	潮州	澄海	潮陽	揭陽	海豐
專	tsuaŋ^{1}	tsuaŋ^{1}/tsueŋ^{1}	tsuaŋ^{1}	tsuaŋ^{1}/tsueŋ^{1}	tsuaŋ^{1}/tsueŋ^{1}	tsuaŋ^{1}/tsueŋ^{1}
管	kuaŋ^{2}	kuaŋ^{2}	kuaŋ^{2}	kuaŋ^{2}	kuaŋ^{2}	kuaŋ^{2}
貫	kuaŋ^{3}	kuaŋ^{3}/kueŋ^{3}	kuaŋ^{3}	kuaŋ^{3}/kueŋ^{3}	kuaŋ^{3}/kueŋ^{3}	kuaŋ^{3}/kueŋ^{3}
捋	luak^{4}	luak^{4}/luek^{4}	luak^{4}	luak^{4}/luek^{4}	luak^{4}/luek^{4}	luak^{4}/luek^{4}
法	huak^{4}	huap^{4}	huak^{4}	huap^{4}	huap^{4}	huap^{4}
凡	huaŋ^{5}	huam^{5}	huaŋ^{5}	huam^{5}	huam^{5}	huam^{5}
漫	buaŋ^{6}	buaŋ^{6}/bueŋ^{6}	buaŋ^{6}	buaŋ^{6}/bueŋ^{6}	buaŋ^{6}/bueŋ^{6}	buaŋ^{6}/bueŋ^{6}
萬	buaŋ^{7}	buaŋ^{7}/bueŋ^{7}	huaŋ^{7}	buaŋ^{7}/bueŋ^{7}	buaŋ^{7}/bueŋ^{7}	buaŋ^{7}/bueŋ^{7}
粵	uak^{8}	uak^{8}/uek^{8}	uak^{8}	uak^{8}/uek^{8}	uak^{8}/uek^{8}	uak^{8}/uek^{8}

20. 歸部

此部在粵東潮汕方言中均讀作［ui］，此部無入聲韻字。現根據汕頭方言將歸部擬音為［ui］。

例字	汕頭	潮州	澄海	潮陽	揭陽	海豐
追	tui^{1}	tui^{1}	tui^{1}	tui^{1}	tui^{1}	tui^{1}
傀	kui^{2}	kui^{2}	kui^{2}	kui^{2}	kui^{2}	kui^{2}
沸	pui^{3}	pui^{3}	pui^{3}	pui^{3}	pui^{3}	pui^{3}
淝	pui^{5}	pui^{5}	pui^{5}	pui^{5}	pui^{5}	pui^{5}
慧	hui^{6}	hui^{6}	hui^{6}	hui^{6}	hui^{6}	hui^{6}
位	ui^{7}	ui^{7}	ui^{7}	ui^{7}	ui^{7}	ui^{7}

21. 庚部

此部在粵東潮汕方言中均讀作［ẽ/ẽʔ］。現根據汕頭方言將庚部擬音為［ẽ/ẽʔ］。

例字	汕頭	潮州	澄海	潮陽	揭陽	海豐
更	kẽ^{1}	kẽ^{1}	kẽ^{1}	kẽ^{1}	kẽ^{1}	kẽ^{1}
井	tsẽ^{2}	tsẽ^{2}	tsẽ^{2}	tsẽ^{2}	tsẽ^{2}	tsẽ^{2}
柄	pẽ^{3}	pẽ^{3}	pẽ^{3}	pẽ^{3}	pẽ^{3}	pẽ^{3}
客	k‘ẽʔ^{4}	k‘ẽʔ^{4}	k‘ẽʔ^{4}	k‘ẽʔ^{4}	k‘ẽʔ^{4}	k‘ẽʔ^{4}
棚	pẽ^{5}	pẽ^{5}	pẽ^{5}	pẽ^{5}	pẽ^{5}	pẽ^{5}
硬	ŋẽ^{6}	ŋẽ^{6}	ŋẽ^{6}	ŋẽ^{6}	ŋẽ^{6}	ŋẽ^{6}
鄭	tẽ^{7}	tẽ^{7}	tẽ^{7}	tẽ^{7}	tẽ^{7}	tẽ^{7}
白	pẽʔ^{8}	pẽʔ^{8}	pẽʔ^{8}	pẽʔ^{8}	pẽʔ^{8}	pẽʔ^{8}

22. 鳩部

此部在粵東潮汕方言中均讀作［iu］，此部入聲韻太少。現根據汕頭方言將鳩部擬音為［iu/iuʔ］。

例字	汕頭	潮州	澄海	潮陽	揭陽	海豐
彪	piu^{1}	piu^{1}	piu^{1}	piu^{1}	piu^{1}	piu^{1}
紐	liu^{2}	liu^{2}	liu^{2}	liu^{2}	liu^{2}	liu^{2}
究	kiu^{3}	kiu^{3}	kiu^{3}	kiu^{3}	kiu^{3}	kiu^{3}
闐 tsiuʔ^{4}	—	—	—	—	—	—
毬	kiu^{5}	kiu^{5}	kiu^{5}	kiu^{5}	kiu^{5}	kiu^{5}
鷲	tsiu^{6}	tsiu^{6}	tsiu^{6}	tsiu^{6}	tsiu^{6}	tsiu^{6}
壽	siu^{7}	siu^{7}	siu^{7}	siu^{7}	siu^{7}	siu^{7}

23. 瓜部

此部在粵東潮汕方言中多數讀作［ua/uaʔ］。現根據汕頭方言將瓜部擬音為［ua/uaʔ］。

例字	汕頭	潮州	澄海	潮陽	揭陽	海豐
呱	kua^1	kua^1	kua^1	kua^1	kua^1	kua^1
徙	sua^2	sua^2	sua^2	sua^2	sua^2	sua^2
播	pua^3	pua^3	pua^3	pua^3	pua^3	pua^3
抹	buaʔ^4	buaʔ^4	buaʔ^4	buaʔ^4	buaʔ^4	buaʔ^4
華	hua^5	hua^5	hua^5	hua^5	hua^5	hua^5
柁	tua^6	tua^6	tua^6	tua^6	tua^6	tua^6
賴	lua^7	lua^7	lua^7	lua^7	lua^7	lua^7
熱	zuaʔ^8	zuaʔ^8	zuaʔ^8	zuaʔ^8	zuaʔ^8	zuaʔ^8

24. 江部

此部在粵東潮汕方言中均讀作［aŋ/ak］。現根據汕頭方言將江部擬音為［aŋ/ak］。

例字	汕頭	潮州	澄海	潮陽	揭陽	海豐
班	paŋ^1	paŋ^1	paŋ^1	paŋ^1	paŋ^1	paŋ^1
眼	gaŋ^2	gaŋ^2	gaŋ^2	gaŋ^2	gaŋ^2	gaŋ^2
絳	kaŋ^3	kaŋ^3	kaŋ^3	kaŋ^3	kaŋ^3	kaŋ^3
確	k‘ak^4	k‘ak^4	k‘ak^4	k‘ak^4	k‘ak^4	k‘ak^4
浪	laŋ^5	laŋ^5	laŋ^5	laŋ^5	laŋ^5	laŋ^5
誕	taŋ^6	taŋ^6	taŋ^6	taŋ^6	taŋ^6	taŋ^6
共	kaŋ^7	kaŋ^7	kaŋ^7	kaŋ^7	kaŋ^7	kaŋ^7
六	lak^8	lak^8	lak^8	lak^8	lak^8	lak^8

25. 膠部

此部在粵東潮汕方言中均讀作［a/aʔ］。現根據汕頭方言將膠部擬音為［a/aʔ］。

例字	汕頭	潮州	澄海	潮陽	揭陽	海豐
葩	pa^1	pa^1	pa^1	pa^1	pa^1	pa^1
飽	pa^2	pa^2	pa^2	pa^2	pa^2	pa^2
亞	a^3	a^3	a^3	a^3	a^3	a^3
鉀	kaʔ^4	kaʔ^4	kaʔ^4	kaʔ^4	kaʔ^4	kaʔ^4
柴	tsʻa^5	tsʻa^5	tsʻa^5	tsʻa^5	tsʻa^5	tsʻa^5
罷	pa^6	pa^6	pa^6	pa^6	pa^6	pa^6
沓	taʔ^8	taʔ^8	taʔ^8	taʔ^8	taʔ^8	taʔ^8

丁，卷四：膠嬌乖肩扛弓龜柑佳甘瓜薑叨囉哖燒

26. 嬌部

此部在粵東潮汕方言中多數讀作［iau］，只有潮州、澄海讀作［iou］，此部無入聲韻字。現根據汕頭方言將嬌部擬音為［iau］。

例字	汕頭	潮州	澄海	潮陽	揭陽	海豐
嬌	kiau^1	kiou^1	kiou^1	kiau^1	kiau^1	kiau^1
嫋	liau^2	liou^2	liou^2	liau^2	liau^2	liau^2
吊	tiau^3	tiou^3	tiou^3	tiau^3	tiau^3	tiau^3
聊	liau^5	liou^5	liou^5	liau^5	liau^5	liau^5
召	tiau^6	tiou^6	tiou^6	tiau^6	tiau^6	tiau^6
妙	biau^7	biou^7	biou^7	biau^7	biau^7	biau^7

27. 乖部

此部在粵東潮汕方言中均讀作［uai］，此部無入聲韻字。現根據汕頭方言將乖部擬音為［uai］。

例字	汕頭	潮州	澄海	潮陽	揭陽	海豐
乖	kuai^{1}	kuai^{1}	kuai^{1}	kuai^{1}	kuai^{1}	kuai^{1}
拐	kuai^{2}	kuai^{2}	kuai^{2}	kuai^{2}	kuai^{2}	kuai^{2}
怪	kuai^{3}	kuai^{3}	kuai^{3}	kuai^{3}	kuai^{3}	kuai^{3}
懷	huai^{5}	huai^{5}	huai^{5}	huai^{5}	huai^{5}	huai^{5}
壞	huai^{6}	huai^{6}	huai^{6}	huai^{6}	huai^{6}	huai^{6}
檨	suai^{7}	suai^{7}	suai^{7}	suai^{7}	suai^{7}	suai^{7}

28. 肩部

此部在汕頭、潮州、澄海方言裡均讀作 [õi]，而潮陽、揭陽、海豐方言則讀作 [ãi]，無入聲韻字。現根據汕頭方言將肩部擬音為 [õi]。

例字	汕頭	潮州	澄海	潮陽	揭陽	海豐
斑	põi^{1}	põi^{1}	põi^{1}	pãi^{1}	pãi^{1}	pãi^{1}
指	tsõi^{2}	tsõi^{2}	tsõi^{2}	tsãi^{2}	tsãi^{2}	tsãi^{2}
間	kõi^{3}	kõi^{3}	kõi^{3}	kãi^{3}	kãi^{3}	kãi^{3}
蓮	nõi^{5}	nõi^{5}	nõi^{5}	nãi^{5}	nãi^{5}	nãi^{5}
第	tõi^{6}	tõi^{6}	tõi^{6}	tãi^{6}	tãi^{6}	tãi^{6}
莧	hõi^{7}	hõi^{7}	hõi^{7}	hãi^{7}	hãi^{7}	hãi^{7}

29. 扛部

此部在汕頭、潮州、澄海、潮陽、揭陽等方言裡均讀作 [ŋ]，海豐方言則有 [uaŋ]、[eŋ]、[aŋ] 和 [uĩ]、[ĩ] 數讀。此部無入聲韻。現根據汕頭方言將肩部擬音為 [ŋ]。

例字	汕頭	潮州	澄海	潮陽	揭陽	海豐
方	pŋ^{1}	pŋ^{1}	pŋ^{1}	pŋ^{1}	pŋ^{1}	huaŋ^{1}
女	lŋ^{2}	lŋ^{2}	lŋ^{2}	lŋ^{2}	lŋ^{2}	ñ^{2}
貫	kŋ^{3}	kŋ^{3}	kŋ^{3}	kŋ^{3}	kŋ^{3}	kuaŋ^{3}
郎	lŋ^{5}	lŋ^{5}	lŋ^{5}	lŋ^{5}	lŋ^{5}	leŋ^{5}/laŋ^{5}
丈	tŋ^{6}	tŋ^{6}	tŋ^{6}	tŋ^{6}	tŋ^{6}	teŋ^{6}
飯	pŋ^{7}	pŋ^{7}	pŋ^{7}	pŋ^{7}	pŋ^{7}	puĩ^{7}

30. 弓部

此部在粵東潮汕方言中多數讀作［eŋ/ek］，潮陽、海豐有兩讀：［eŋ/ek］和［ioŋ/iok］。現根據汕頭方言將弓部擬音為［eŋ/ek］。

例字	汕頭	潮州	澄海	潮陽	揭陽	海豐
崩	$peŋ^1$	$peŋ^1$	$peŋ^1$	$peŋ^1/pioŋ^1$	$peŋ^1$	$peŋ^1/pioŋ^1$
等	$teŋ^2$	$teŋ^2$	$teŋ^2$	$teŋ^2/tioŋ^2$	$teŋ^2$	$teŋ^2/tioŋ^2$
勝	$seŋ^3$	$seŋ^3$	$seŋ^3$	$seŋ^3/sioŋ^3$	$seŋ^3$	$seŋ^3/sioŋ^3$
式	sek^4	sek^4	sek^4	$sek^4/siok^4$	sek^4	$sek^4/siok^4$
重	$teŋ^5$	$teŋ^5$	$teŋ^5$	$teŋ^5/tioŋ^5$	$teŋ^5$	$teŋ^5/tioŋ^5$
淨	$tseŋ^6$	$tseŋ^6$	$tseŋ^6$	$tseŋ^6/tsioŋ^6$	$tseŋ^6$	$tseŋ^6/tsioŋ^6$
用	$eŋ^7$	$eŋ^7$	$eŋ^7$	$eŋ^7/sioŋ^7$	$eŋ^7$	$eŋ^7/sioŋ^7$
勒	lek^8	lek^8	lek^8	$lek^8/liok^8$	lek^8	$lek^8/liok^8$

31. 龜部

此部在粵東潮汕方言中均讀作［u］，入聲韻字太少。現根據汕頭方言將龜部擬音為［u/uʔ］。

例字	汕頭	潮州	澄海	潮陽	揭陽	海豐
姑	ku^1	ku^1	ku^1	ku^1	ku^1	ku^1
虜	lu^2	lu^2	lu^2	lu^2	lu^2	lu^2
怖	pu^3	pu^3	pu^3	pu^3	pu^3	pu^3
吸	$kuʔ^4$	$kuʔ^4$	$kuʔ^4$	$kuʔ^4$	$kuʔ^4$	$kuʔ^4$
櫥	tu^5	tu^5	tu^5	tu^5	tu^5	tu^5
懼	ku^6	ku^6	ku^6	ku^6	ku^6	ku^6
舊	ku^7	ku^7	ku^7	ku^7	ku^7	ku^7

32. 柑部

此部在粵東潮汕方言中均讀作［ã］，無入聲韻字。現根據汕頭方言將柑部擬音為［ã］。

例字	汕頭	潮州	澄海	潮陽	揭陽	海豐
擔	tã^{1}	tã^{1}	tã^{1}	tã^{1}	tã^{1}	tã^{1}
膽	tã^{2}	tã^{2}	tã^{2}	tã^{2}	tã^{2}	tã^{2}
冇	p‘ã^{3}	p‘ã^{3}	p‘ã^{3}	p‘ã^{3}	p‘ã^{3}	p‘ã^{3}
林	nã^{5}	nã^{5}	nã^{5}	nã^{5}	nã^{5}	nã^{5}
澹	tã^{6}	tã^{6}	tã^{6}	tã^{6}	tã^{6}	tã^{6}

33. 佳部

此部在粵東潮汕方言中均讀作［ia/iaʔ］。現根據汕頭方言將佳部擬音為［ia/iaʔ］。

例字	汕頭	潮州	澄海	潮陽	揭陽	海豐
遮	tsia^{1}	tsia^{1}	tsia^{1}	tsia^{1}	tsia^{1}	tsia^{1}
者	tsia^{2}	tsia^{2}	tsia^{2}	tsia^{2}	tsia^{2}	tsia^{2}
寄	kia^{3}	kia^{3}	kia^{3}	kia^{3}	kia^{3}	kia^{3}
錫	siaʔ^{4}	siaʔ^{4}	siaʔ^{4}	siaʔ^{4}	siaʔ^{4}	siaʔ^{4}
椰	ia^{5}	ia^{5}	ia^{5}	ia^{5}	ia^{5}	ia^{5}
社	sia^{6}	sia^{6}	sia^{6}	sia^{6}	sia^{6}	sia^{6}
謝	sia^{7}	sia^{7}	sia^{7}	sia^{7}	sia^{7}	sia^{7}
劇	kiaʔ^{8}	kiaʔ^{8}	kiaʔ^{8}	kiaʔ^{8}	kiaʔ^{8}	kiaʔ^{8}

34. 甘部

此部在粵東潮汕方言中多數讀作［am/ap］，只有澄海讀作［aŋ/ak］。現根據汕頭方言將甘部擬音為［am/ap］。

例字	汕頭	潮州	澄海	潮陽	揭陽	海豐
疳	kam^{1}	kam^{1}	kaŋ^{1}	kam^{1}	kam^{1}	kam^{1}
感	kam^{2}	kam^{2}	kaŋ^{2}	kam^{2}	kam^{2}	kam^{2}
鑒	kam^{3}	kam^{3}	kaŋ^{3}	kam^{3}	kam^{3}	kam^{3}
鴿	kap^{4}	kap^{4}	kak^{4}	kap^{4}	kap^{4}	kap^{4}
男	lam^{5}	lam^{5}	laŋ^{5}	lam^{5}	lam^{5}	lam^{5}
站	tsam^{6}	tsam^{6}	tsaŋ^{6}	tsam^{6}	tsam^{6}	tsam^{6}
陷	ham^{7}	ham^{7}	haŋ^{7}	ham^{7}	ham^{7}	ham^{7}
雜	tsap^{8}	tsap^{8}	tsak^{8}	tsap^{8}	tsap^{8}	tsap^{8}

35. 瓜部

此部在粵東潮汕方言中均讀作［ue/ueʔ］。現根據汕頭方言將肩部擬音為［ue/ueʔ］。

例字	汕頭	潮州	澄海	潮陽	揭陽	海豐
飛	pue^{1}	pue^{1}	pue^{1}	pue^{1}	pue^{1}	pue^{1}
粿	kue^{2}	kue^{2}	kue^{2}	kue^{2}	kue^{2}	kue^{2}
稅	sue^{3}	sue^{3}	sue^{3}	sue^{3}	sue^{3}	sue^{3}
郭	kueʔ^{4}	kueʔ^{4}	kueʔ^{4}	kueʔ^{4}	kueʔ^{4}	kueʔ^{4}
培	pue^{5}	pue^{5}	pue^{5}	pue^{5}	pue^{5}	pue^{5}
罪	tsue^{6}	tsue^{6}	tsue^{6}	tsue^{6}	tsue^{6}	tsue^{6}
畫	ue^{7}	ue^{7}	ue^{7}	ue^{7}	ue^{7}	ue^{7}
月	gueʔ^{8}	gueʔ^{8}	gueʔ^{8}	gueʔ^{8}	gueʔ^{8}	gueʔ^{8}

36. 薑部

此部在粵東潮汕方言中多數讀作［iõ］，只有潮州、澄海方言讀作［iẽ］，無入聲韻字。現根據汕頭方言將薑部擬音為［iõ］。

例字	汕頭	潮州	澄海	潮陽	揭陽	海豐
姜	kiõ^{1}	kiẽ^{1}	kiẽ^{1}	kiõ^{1}	kiõ^{1}	kiõ^{1}
長	tiõ^{2}	tiẽ^{2}	tiẽ^{2}	tiõ^{2}	tiõ^{2}	tiõ^{2}
脹	tiõ^{3}	tiẽ^{3}	tiẽ^{3}	tiõ^{3}	tiõ^{3}	tiõ^{3}
場	tiõ^{5}	tiẽ^{5}	tiẽ^{5}	tiõ^{5}	tiõ^{5}	tiõ^{5}
癢	tsiõ^{6}	tsiẽ^{6}	tsiẽ^{6}	tsiõ^{6}	tsiõ^{6}	tsiõ^{6}
樣	iõ^{7}	iẽ^{7}	iẽ^{7}	iõ^{7}	iõ^{7}	iõ^{7}

37. 叨

《潮声十五音》叨部与皆部同韵故不载。

38. 囉

《潮声十五音》囉部与歌部同韵亦不载。

39. 哖

《潮声十五音》哖部与基部同韵又不载。

40. 燒部

此部在汕頭、潮陽、揭陽、海豐方言中均讀作［io/ioʔ］，潮州、澄海方言則讀作［ie/ieʔ］。現根據汕頭方言將燒部擬音為［io/ioʔ］。

例字	汕頭	潮州	澄海	潮陽	揭陽	海豐
標	pio^{1}	pie^{1}	pie^{1}	pio^{1}	pio^{1}	pio^{1}
少	tsio^{2}	tsie^{2}	tsie^{2}	tsio^{2}	tsio^{2}	tsio^{2}
叫	kio^{3}	kie^{3}	kie^{3}	kio^{3}	kio^{3}	kio^{3}
約	ioʔ^{4}	ieʔ^{4}	ieʔ^{4}	ioʔ^{4}	ioʔ^{4}	ioʔ^{4}
橋	kio^{5}	kie^{5}	kie^{5}	kio^{5}	kio^{5}	kio^{5}
趙	tio^{6}	tie^{6}	tie^{6}	tio^{6}	tio^{6}	tio^{6}
尿	zio^{7}	zie^{7}	zie^{7}	zio^{7}	zio^{7}	zio^{7}
葉	hioʔ^{8}	hieʔ^{8}	hieʔ^{8}	hioʔ^{8}	hioʔ^{8}	hioʔ^{8}

從上文可見，家部［e/eʔ］、高部［au/auʔ］、姑部［ou］、基部［i/iʔ］、京部［iã］、官部［uã］、皆部［ai］、歌部［o/oʔ］、歸部［ui］、庚部［ẽ/ẽʔ］、鳩部［iu/iuʔ］、瓜部［ua/uaʔ］、江部［aŋ/ak］、膠部［a/aʔ］、乖部［uai］、龜部［u/uʔ］、柑部［ã］、佳部［ia/iaʔ］、瓜部［ue/ueʔ］十九個韻部在粵東潮汕方言中讀音是一致的，但異同之處也是不少見的。音系性質確定之後，我們就可根據汕頭方言音系對《潮聲十五音》共三十七部六十二個韻母的音值進行構擬。如下表：

1. 君部［uŋ/uk］	2. 家部［e/eʔ］	3. 高部［au/auʔ］	4. 金部［im/ip］	5. 雞部［oi/oiʔ］
6. 公部［oŋ/ok］	7. 姑部［ou］	8. 兼部［iam/iap］	9. 基部［i/iʔ］	10. 堅部［iaŋ/iak］
11. 京部［iã］	12. 官部［uã］	13. 皆部［ai］	14. 恭部［ioŋ/iok］	15. 君部［iŋ/ik］
16. 鈞部［ɤŋ/ɤk］	17. 居部［ɯ］	18. 歌部［o/oʔ］	19. 光部［uaŋ/uak］	20. 歸部［ui］
21. 庚部［ẽ/ẽʔ］	22. 鳩部［iu/iuʔ］	23. 瓜部［ua/uaʔ］	24. 江部［aŋ/ak］	25. 膠部［a/aʔ］
26. 嬌部［iau］	27. 乖部［uai］	28. 肩部［õi］	29. 扛部［ŋ］	30. 弓部［eŋ/ek］
31. 龜部［u/uʔ］	32. 柑部［ã］	33. 佳部［ia/iaʔ］	34. 甘部［am/ap］	35. 瓜部［ue/ueʔ］
36. 薑部［iõ］	37. 叨與皆同	38. 囉與歌同	39. 哖與基同	40. 燒部［io/ioʔ］

（三）《潮聲十五音》（1907）與《潮語十五音》（1911）韻系共時比較

《潮語十五音》是"本書依《潮聲十五音》刪繁補簡，另參他書校勘，以備《潮聲十五音》之所未備"。先后时间仅差四年。據考證，《潮語十五音》共三十七部，七十一個韻母①：

1. 君［uŋ/uk］	2. 堅［iaŋ/iak］	3. 金［im/ip］	4. 歸［ui/uiʔ］	5. 佳［ia/iaʔ］
6. 江［aŋ/ak］	7. 公［oŋ/ok］	8. 乖［uai/uaiʔ］	9. 經［eŋ/ek］	10. 光［uaŋ/uak］
11. 孤［ou/ouʔ］	12. 驕［iau/iauʔ］	13. 雞［oi/oiʔ］	14. 恭［ioŋ/iok］	15. 歌［o/oʔ］
16. 皆［ai/aiʔ］	17. 君［iŋ/ik］	18. 薑［iõ］	19. 甘［am/ap］	20. 柯［ua/uaʔ］
21. 兼［iam/iap］	22. 交［au/auʔ］	23. 家［e/eʔ］	24. 瓜［ue/ueʔ］	25. 膠［a/aʔ］
26. 龜［u/uʔ］	27. 扛［ɤŋ/ɤk］	28. 枝［i/iʔ］	29. 鳩［iu/iuʔ］	30. 官［uã/uãʔ］
31. 居［ɯ/ɯʔ］	32. 柑［ã/ãʔ］	33. 庚［ẽ/ẽʔ］	34. 京［iã］	35. 蕉［io/ioʔ］
36. 天［ĩ/ĩʔ］	37. 肩［õi］	38. 干与江同	39. 关于光同	40. 姜与坚同

現《潮聲十五音》共三十七部六十三個韻母與《潮語十五音》三十七部，七十一個韻母具體比較如下：

《潮聲十五音》	1. 君部［uŋ/uk］	2. 家部［e/eʔ］	3. 高部［au/auʔ］	4. 金部［im/ip］	5. 雞部［oi/oiʔ］
《潮語十五音》	1. 君部［uŋ/uk］	23. 家部［e/eʔ］	22. 交部［au/auʔ］	3. 金部［im/ip］	13. 雞部［oi/oiʔ］
《潮聲十五音》	6. 公部［oŋ/ok］	7. 姑部［ou］	8. 兼部［iam/iap］	9. 基部［i/iʔ］	10. 堅部［iaŋ/iak］
《潮語十五音》	7. 公部［oŋ/ok］	11. 孤部［ou/ouʔ］	21. 兼部［iam/iap］	28. 枝部［i/iʔ］	2. 堅部［iaŋ/iak］
《潮聲十五音》	11. 京部［iã］	12. 官部［uã］	13. 皆部［ai］	14. 恭部［ioŋ/iok］	15. 君部［iŋ/ik］
《潮語十五音》	34. 京部［iã］	30. 官部［uã］	16. 皆部［ai/aiʔ］	14. 恭部［ioŋ/iok］	17. 君部［iŋ/ik］
《潮聲十五音》	16. 鈞部［ɤŋ/ɤk］	17. 居部［ɯ］	18. 歌部［o/oʔ］	19. 光部［uaŋ/uak］	20. 歸部［ui］
《潮語十五音》	27. 扛部［ɤŋ/ɤk］	31. 居部［ɯ/ɯʔ］	15. 歌部［o/oʔ］	10. 光部［uaŋ/uak］	4. 歸部［ui/uiʔ］
《潮聲十五音》	21. 庚部［ẽ/ẽʔ］	22. 鳩部［iu/iuʔ］	23. 瓜部［ua/uaʔ］	24. 江部［aŋ/ak］	25. 膠部［a/aʔ］
《潮語十五音》	33. 庚部［ẽ/ẽʔ］	29. 鳩部［iu/iuʔ］	20. 柯部［ua/uaʔ］	6. 江部［aŋ/ak］	25. 膠部［a/aʔ］
《潮聲十五音》	26. 嬌部［iau］	27. 乖部［uai］	28. 肩部［õi］	29. 扛部［ŋ］	30. 弓部［eŋ/ek］
《潮語十五音》	12. 驕部［iau/iauʔ］	8. 乖部［uai/uaiʔ］	37. 肩部［õi］	________	9. 經部［eŋ/ek］
《潮聲十五音》	31. 龜部［u/uʔ］	32. 柑部［ã］	33. 佳部［ia/iaʔ］	34. 甘部［am/ap］	35. 瓜部［ue/ueʔ］
《潮語十五音》	26. 龜部［u/uʔ］	32. 柑部［ã/ãʔ］	5. 佳部［ia/iaʔ］	19. 甘部［am/ap］	24. 瓜部［ue/ueʔ］
《潮聲十五音》	36. 薑部［iõ］	40. 燒部［io/ioʔ］	________		
《潮語十五音》	18. 薑部［iõ/iõʔ］	35. 蕉部［io/ioʔ］	36. 天部［ĩ/ĩʔ］		

① 馬重奇：《閩臺閩南方言韻書比較研究》，中國社會科學出版社 2008 年版。

以上兩種韻書韻部系統比較來看，《潮聲十五音》有扛部［ŋ］，而《潮語十五音》則無此部；《潮語十五音》有天部［ĩ/ĩʔ］，而《潮聲十五音》則無此部；《潮語十五音》有［ouʔ］、［aiʔ］、［ɯʔ］、［uiʔ］、［iauʔ］、［uaiʔ］、［ãʔ］、［iõʔ］，而《潮聲十五音》則没有這些韻母，這些韻母基本上都是韻字較少的、收喉塞韻尾的韻字，就如《凡例》所说"本書依《潮聲十五音》刪繁補簡，另参他書校勘，以備《潮聲十五音》之所未備"。但兩種韻書主要韻母（指韻字較多的韻部）多，音系基本上是一致的，所反映的均為清朝末年汕頭方言音系。

（四）《潮聲十五音》（1907）與《汕頭方言音義字典》（1883）、現代汕頭方言韻系歷時比較

據考證，美國傳教士菲爾德在《汕頭方言音義字典》（1883）記載了潮汕方言音系，汕頭話有五十二個韻部，九十四個韻母①。清末張世珍《潮聲十五音》（1907）記載了汕頭話三十七個韻部，六十二個韻母。據林倫倫、陳小楓《廣東閩方言語音研究》（1996）考證，現代汕頭話有四十七個韻部，八十四個韻母②。現將三個不同歷史階段的汕頭話韻母系統進行歷史比較。

1. 元音韻母/入聲韻母比較

汕頭方言音義字典	［a］鴉/［aʔ］鴨	［ɯ］餘/［ɯʔ］乞	［o］烏/	［e］啞/［eʔ］麥	［i］衣/［iʔ］篾
潮聲十五音	25. 膠部［a/aʔ］	17. 居部［ɯ］	18. 歌部［o/oʔ］	2. 家部［e/eʔ］	9. 基部［i/iʔ］
廣東閩方言語音研究	［a］亞/［aʔ］鴨	［ɯ］餘/［ɯʔ］乞	［o］窩/［oʔ］學	［e］啞/［eʔ］厄	［i］衣/［iʔ］鐵
汕頭方言音義字典	［u］有/［uʔ］足	［ɔ］蠔/［ɔʔ］桌	［ai］礙/	［au］九/［auʔ］乐	［ia］者/［iaʔ］食
潮聲十五音	31 龜部［u/uʔ］	—	13. 皆部［ai］	3. 高部［au/auʔ］	33 佳部［ia/ia/］
廣東閩方言語音研究	［u］汙/［uʔ］腯	—	［ai］埃/［aiʔ］口	［au］歐/［auʔ］口	［ia］爺/［iaʔ］益
汕頭方言音義字典	［ie］趙/［ieʔ］尺	［io］吊/［ioʔ］雀	［iu］周/［iuʔ］拂	［ui］虧/	［ua］蛙/［uaʔ］末
潮聲十五音	—	40. 燒部［io/ioʔ］	22. 鳩部［iu/iuʔ］	20. 歸部［ui］	23. 瓜部［ua/uaʔ］
廣東閩方言語音研究	—	［io］腰/［ioʔ］藥	［iu］優/［iuʔ］口	［ui］醫/	［ua］娃/［uaʔ］活
汕頭方言音義字典	［uai］枴/	［ue］回/［ueʔ］襪	［oi］齊/［oiʔ］八	—	—
潮聲十五音	27. 乖部［uai］	35 瓜部［ue/ueʔ］	5. 雞部［oi/oiʔ］	26. 嬌部［iau］	7. 姑部［ou］
廣東閩方言語音研究	［uai］歪/	［ue］鍋/［ueʔ］劃	［oi］鞋/［oiʔ］八	［iau］妖/［iauʔ］口	［ou］烏/

① 馬重奇、施榆生主編：《海峽西岸閩南方言與文化研究》（上冊）"第五節 美國傳教士菲爾德《汕頭方言音義字典》（1883）音系研究"，中国社会科学出版社 2016 年版，第 361 頁。

② 林倫倫、陳小楓：《廣東閩方言語音研究》，汕頭大學出版社 1996 年版，第 90 頁。

上表可見，有［a/aʔ］、［ɯ］、［o］、［e/eʔ］、［i/iʔ］、［u/uʔ］、［ai］、［au/auʔ］、［ia/ia/］、［io/ioʔ］、［iu/iuʔ］、［ui］、［ua/uaʔ］、［uai］、［ue/ueʔ］、［oi/oiʔ］等二十七個母音韻母/入聲韻母是汕頭方言三個不同歷史時期共有的。不同之處有：（1）《汕頭方言音義字典》有［ɔ/ɔʔ］、［ie/ieʔ］等四個韻母，而《潮聲十五音》和現代汕頭方言則無。這說明早在一百三十年前汕頭有［ɔ/ɔʔ］韻母，到了《潮聲十五音》，［ɔ/ɔʔ］演變為［o/oʔ］，直至現在；［ie/ieʔ］韻母有兩種可能性：一是［ie/ieʔ］韻母後來演變為［io/ioʔ］，二是作者在編寫《汕頭方言音義字典》時就吸收了其他潮州方言的個別韻類。（2）《汕頭方言音義字典》和現代汕頭方言有［ɯʔ］，《潮聲十五音》則無，說明［ɯʔ］韻母汕頭方言早在一百三十年前就有了，《潮聲十五音》作者忽略了。（3）《潮聲十五音》和現代汕頭方言有［oʔ］、［iau］、［ou］等韻母，說明早在汕頭方言一百三十年前尚未產生。（4）惟獨現代汕頭方言有［aiʔ］韻母，說明出現得比較晚。

2. 鼻化韻母/入聲韻母比較 聲化韻母/入聲韻母比較

汕頭方言音義字典	［ã］掩/［ãʔ］䆀	［ẽ］井/［ẽʔ］咳	［ĩ］圓/［ĩʔ］瞬	［ɔ］茅/［［ɔ̃ ʔ］膜	［õ］否/
潮聲十五音	32 柑部［a)］	21. 庚部［ẽ/ẽʔ］	—	—	—
廣東閩方言語音研究	［ã］揞	［ẽ］楹/［ẽʔ］脈	［ĩ］圓/［ĩʔ］□	—	—
汕頭方言音義字典	［ãi］还/［ãiʔ］捱	［ãu］好/［ãuʔ］謔	［iã］正	［iũ］幽	［iõ］掀/［iõʔ］摔
潮聲十五音	—	—	11. 京部［iã］	—	36. 薑部［iõ］
廣東閩方言語音研究	［ãi］愛/［ãiʔ］口	［ãu］好/［ãuʔ］□	［iã］影	［iũ］幼/［iũʔ］□	［iõ］羊/
汕頭方言音義字典	［iẽ］章/	［õi］剪/［õiʔ］齧	［ũĩ］美/［ũĩʔ］拾	［uãi］矿/［uãiʔ］转	［uẽ］横/［uẽʔ］物
潮聲十五音	—	28. 肩部［õi］	—	—	—
廣東閩方言語音研究	—	［õi］閑/	［ũĩ］畏/	［uãi］樣/［uãiʔ］□	［u ẽ］關/
汕頭方言音義字典	［uã］鞍	—	—	［m］姆/	［ŋ］昏/［ŋk］呼
潮聲十五音	12. 官部［uã］	—	—	—	29. 扛部［ŋ］
廣東閩方言語音研究	［uã］鞍/［uãʔ］活	［iãu］□/［iãuʔ］□	［õu］虎/	［m］姆/［mʔ］□	［ŋ］秧/［ŋʔ］□

上表可見，［ã］、［ẽ/ẽʔ］、［iã］、［iõ］、［õi］、［uã］等汕頭方言七個鼻化韻母/入聲韻母，是汕頭方言三個不同歷史時期共有的。不同之處有：（1）《汕頭方言音義字典》有［ɔ̃/ɔ̃ʔ］、［õ］、［iẽ］、［ãʔ］、［iõʔ］、［õiʔ］等七個韻母，《汕頭方言音義字典》和現代汕頭方言則無，說明汕

頭方言早在一百三十年前就有這些韻母了。[ɔ̃/ɔ̃ʔ] 韻母與前文 [ɔ/ɔʔ] 韻母一樣，後來演變為 [õ/õʔ]；[iẽ] 韻母與前文 [ie/ieʔ] 韻母的情況一樣；[ãʔ]、[iõʔ]、[õiʔ] 等韻母到了後來消失了。(2)《汕頭方言音義字典》和現代汕頭方言有 [ĩ/ĩʔ]、[ãi/ãiʔ]、[ãu/ãuʔ]、[iũ]、[uĩ]、[uãi/uãiʔ]、[uẽ] 等十一个韻母，而《潮聲十五音》則無，說明作者的審音水準比較一般，不如西方傳教士。(3) [ŋ] 韻母是汕頭方言三個不同歷史時期共有的，不同之處有：《汕頭方言音義字典》有 [ŋk] 韻母，現代汕頭方言有 [ŋʔ]，而《潮聲十五音》則無。

3. 鼻音韻母/入聲韻母比較

汕頭方言音義字典	[am] 贪/ [ap] 匣	[iam] 点/ [iap] 接	[im] 林/ [ip] 邑	[uam] 凡/ [uap] 法	[aŋ] 笼/ [ak] 恶
潮聲十五音	34 甘部 [am/ap]	8. 兼部 [iam/iap]	4. 金部 [im/ip]	—	24. 江部 [aŋ/ak]
廣東閩方言語音研究	[am] 庵/ [ap] 盒	[iam] 淹/ [iap] 粒	[im] 音/ [ip] 立	—	[aŋ] 紅/ [ak] 北
汕頭方言音義字典	[iaŋ] 杖/ [iak] 虐	[uaŋ] 方/ [uak] 浊	[oŋ] 绒/ [ok] 屋	[ioŋ] 用/ [iok] 畜	[eŋ] 钟/ [ek] 浴
潮聲十五音	10. 堅部 [iaŋ/iak]	19. 光部 [uaŋ/uak]	6. 公部 [oŋ/ok]	14. 恭部 [ioŋ/iok]	30. 弓部 [eŋ/ek]
廣東閩方言語音研究	[iaŋ] 央/ [iak] 躍	[uaŋ] 彎/ [uak] 越	[oŋ] 公/ [ok] 屋	[ioŋ] 雍/ [iok] 育	[eŋ] 英/ [ek] 億
汕頭方言音義字典	[in] 因/ [it] 得	[un] 揾/ [ut] 佛	[ɯn] 恩/ [ɯt] 稠	[an] 眼/ [at] 识 [wn] 完/ [wt] 发	[ian] 远/ [iat] 别
潮聲十五音	15. 君部 [iŋ/ik]	1. 君部 [uŋ/uk]	16. 鈞部 [ɤŋ/ɤk]	—	—
廣東閩方言語音研究	[iŋ] 因/ [ik] 乙	[uŋ] 溫/ [uk] 熨	[ɤŋ] 恩/ [ɤk] 乞	—	—

上表可見，[am/ap]、[iam/iap]、[im/ip]、[aŋ/ak]、[iaŋ/iak]、[uaŋ/uak]、[oŋ/ok]、[ioŋ/iok]、[eŋ/ek] 等汕頭方言九個鼻音韻母/入聲韻母，是汕頭方言三個不同歷史時期共有的。不同之處有：(1)《汕頭方言音義字典》有 [uam/uap] 韻母，說明汕頭方言早在一百三十年前就有了，後來逐漸演變成 [uaŋ/uak]。(2)《汕頭方言音義字典》有 [in/it]，而《潮聲十五音》和現代汕頭方言則演變成 [iŋ/ik]。(3)《汕頭方言音義字典》有 [un/ut]，而《潮聲十五音》和現代汕頭方言則演變成 [uŋ/uk]。(4)《汕頭方言音義字典》有 [ɯn/ɯt]，而《潮聲十五音》和現代汕頭方言則演變成 [ɤŋ/ɤk]。(5)《汕頭方言音義字典》有 [an/at]、[wn/wt]、[ian/iat] 韵母而《潮聲十五音》和現代汕頭方言則演變成 [aŋ/ak]、[uŋ/uk]、[iaŋ/iak]。

四 《潮聲十五音》聲調系統

《潮聲十五音》书首还记载了《潮声八音》，也就是八个声调。

君	滾	○	骨	裙	郡	棍	滑		雞	改	易	莢	蛙	○	計	夾
官	趕	汗	○	寒	?	○	○		龜	久	舊	咕	○	具	故	○
平	上	去	入	平	上	去	入		平	上	去	入	平	上	去	入

潮汕方言八個聲調，平、上、去、入各分上下，即上平聲、上上聲、上去聲、上入聲、下平聲、下上聲、下去聲、下入聲。

然而，我們發現《潮聲十五音》上去調字與下去調字的歸屬有嚴重的錯誤。下面以“君部”“家部”“高部”為例來說明之。

韻書	君部上去聲字	君部下去聲字
潮聲十五音	飯填陣閏運悶份	嫩糞棍困扽噴俊舜寸訓
潮語十五音	嫩糞棍困扽噴俊舜寸訓	飯填陣閏運悶份
擊木知音	嫩糞棍困扽噴俊舜寸訓	飯填陣閏運悶份
潮聲十七音	嫩糞棍困扽噴俊舜寸訓	閏運悶份
新編潮汕方言十八音	嫩糞棍困扽噴俊舜寸訓	飯閏運悶份

《潮聲十五音》“君部”上去聲字“飯填陣閏運悶份”，下去聲字“嫩糞棍困扽噴俊舜寸訓”，其他四種韻書則分別歸屬於下去聲調和上去聲調。

韻書	家部上去聲字	家部下去聲字
潮聲十五音	郚寨耶罵夏廈	價嫁稼架駕滹帕債廁
潮語十五音	價嫁稼架駕滹帕債廁	郚寨耶罵夏廈
擊木知音	價嫁稼架駕帕債廁	郚寨耶罵夏
潮聲十七音	價嫁稼架駕帕債廁	郚寨夏廈
新編潮汕方言十八音	價嫁架駕帕債廁	郚寨耶罵夏廈

《潮聲十五音》"家部"上去聲字"郶寨耶罵夏廈"，下去聲字"價嫁稼架駕濾帕債廁"，其他四種韻書則分别歸屬於下去聲調和上去聲調。

韻書	高部上去聲字	高部下去聲字
潮聲十五音	漏鬧淖橈荳痘候效	報告到誥窖叩哭炮泡砲套 透奏灶掃奧臭孝
潮語十五音	報告到誥窖叩哭炮泡砲套 透奏灶掃奧臭孝	漏鬧淖橈荳痘候效
擊木知音	報告到誥窖叩哭炮砲套 透奏灶掃奧臭孝	漏鬧荳痘候
潮聲十七音	告到誥叩砲套透奏灶掃奧孝	漏鬧淖荳痘候
新編潮汕方言十八音	告到誥叩哭炮泡套透奏灶掃臭孝	漏鬧荳痘候效

《潮聲十五音》"高部"上去聲字"漏鬧淖橈荳痘候效"，下去聲字"報告到誥窖叩哭炮泡砲套透奏灶掃奧臭孝"，其他四種韻書則分别歸屬於下去聲調和上去聲調。

现将《潮聲十五音》三十七個韻部上去聲字和下去聲字的歸屬予以纠正。

	上去声字	下去声字
1. 君部	嫩糞棍困睏晗扽藹噴瀵噀歕粇飩俊駿峻竣踆埈狻浚晙鮻捘逡鋑雋儁檇鐫儁濬焌嚪舜瞬蕣瞬眣巽遜堨寸訓奮坌	論/飯笨/填屯/陣/閏/運鄆韻韵/悶們/分份/
2. 家部	柄價嫁稼架駕濾帕債女夜厠	鮀蛇寨些耶下揶罵夏廈
3. 高部	漏報告到誥窖叩扣哭到炮泡苞礮砲庖套透袿訃奏灶竈竈輳腠湊掃嘯埽漱哨奧擙謸燠墺嶴抶詏懊嫫燥操臭躁噪譟懆吵孝俲	漏閙鬧淖橈扁荳痘候睺效鱟
4. 金部	槙鬢遍徧篾鬓髩禁噤僸濝勬歀欠靚靗浸蔭窨廕癊脸襯沁宕櫬	任
5. 雞部	計疥契質代絓細糕	籬易殿冇靛辦莠多賣蓺藝莧
6. 公部	貢贛控倥棟涑蝀瘷朋痛縱傱傯偬宋盎貿閧	磅嗊戇憁顒喁轟輷哄

续表

	上去声字	下去声字
7. 姑部	露布佈傅雇僱菁購構搆覯顧轂彀穀遘妒姤疜垢姡媾詬逅蠹雊庫褲冦蔻袴鬥閗鬬竇舖兔吐瘦醋湊腠戽	路露步埗度渡鍍芋戊誤悞
8. 兼部	劍欠店佔袩瞻滲厭饜僭	唸暹炎艷豔琰扊灧驗鹼蹭
9. 基部	裂背臂秘庇轡泌疪閟賁記痣既塈厎繼暨厲氣器愾棄弃慨帝智致傲置置緻譬嬖褅締替借剃涕滯僀翅綈癤諦嚏睇鬄志祭傺漈際至制製贄鷙濟劑嚌躋隮擠掣幟熾觶誌質躓識鈷嚓矢箭齎世四勢視眡嗜肆噬貰扇燕意薏壝瘞縊旣殪噫謚哫晲試弒妻莿戲	例吏俚哩避弊獘忌地治踟鼻縫字寺咡珥餌二貳示逝誓豉眎硯研院麵麪味炏飼奚兮
10. 堅部	健變見鞏片騙鶣諞瓣暢鬯戰將瘴嶂悵戟瞕障顫獎相映怏醼讌嚥燕唱倡憲俔睍峴誢晛献獻讞囐巘向餉倜見覞釁衅鄉	煉練鍊湅
11. 京部	併鏡聘痛正疋聖倩	寧寧甯令定檔命艾
12. 官部	半看旦判炭散汕線綫傘繖晏案門	爛汗彈賤換賸
13. 皆部	睞賚拜湃葢蓋界介戒盖价械玠丐芥屆尬齐蚧誡慨概僫嘅溉愾戴岱貸伏貰玳埭黛辰派佈怖沛霈旆太泰態僣汰再載賽塞墒使晒曬欲愛曖匆菜埰	利敗儎哉碍礙纔絭害
14. 恭部	咏詠擁壅	—
15. 君部	�遍徧臏擯儐殯髕鬢窆饕絹鎮鎭進荐薦洊晋縉搢晉信迅訊汛印應秤稱寒櫬	便陣陳認剩暈面現
16. 鈞部	艮覰饉槿巹巹	—
17. 居部	濾鋸去滋恣傳剸漬泗駟賜肆泄翳瘀淤垘藝飫次	餕箸事伺歟御
18. 歌部	憡報报告塊顆戴處桴退蜕做作疏澳錯磋糙訛耗吪啇蝠訶	怒代袋座呵望模磨帽磑餓盛賀號号
19. 光部	戀巒卵變孿拌貫鑽慣眷券灌觀罐冠爟鑵顴鸛裸壙礦曠鑛况況貺纊躪獷丱煆碬鍜斷掇判泮姅絆拚選怨串爨篡爨攛竄閆煥販幻訪奐放喚仉泛汜瑍渙坂畈仮汎換疣	叚璇萬万

续表

	上去声字	下去声字
20. 歸部	沸貴桂癸賫季氣季對碓屁醉歳畏謂嘴口碎翠脃脆粹喙肺廢費諱市刜	類累吠沸縣櫃隊錘穗遂檖位胃魏緯諱
21. 庚部	柄徑逕俓莖頸姓性	坽病鄭罵
22. 鳩部	溜救究咒秀綉繡袖狩獸岫琇幼黝臭覆嗅糗殠臭	鍍壽寿柚又樹復
23. 瓜部	播簸褂蓋盇掛恚絓挂罣帶蔕癠破續蔡	賴大外孯
24. 江部	放扮校降絳幹榦諫軌洚悻亢伉侃偘囥�炕抗沆犺匠衎旦蛋誕當儅讜擋簹盼盻嘆歎壯棧鑽贊讚儹饡趲纘粽稯綜輚濺琭送霰鐵疝訕晏案按甕罋創粲燦璨[illegible]僝漢僕汗	難辦共洞胴吉縫贈夢緩巷衖
25. 膠部	覇豹壩弝教較酵窖扣乍詐徃怍舴昨亞倨婭愚鈔孝	—
26. 嬌部	㞙叫竅敲吊寫弔嘵超跳詔繳繞邀襁數少肖要笑强	料廖丟調逐妙
27. 乖部	怪膾繪儈會檜獪鱠蒯快筷	榱
28. 肩部	間㗕	殿有靛莠辦莧
29. 扛部	貫鏆勸當脱𦮙鑽算筭蒜刺饮	飯叚緞狀問
30. 弓部	并敬更慶罄磬椗中凳磴鐙聘騁聽眾証政訂證勝倰聖應銃稱興	曾嘗用穿
31. 龜部	富佈怖故句顧固灸錮佝涸褲著�數兎註蛀鑄蠹注庶訴絮鯈溯泝洓恕素塑遡惡塢噁厝處趣措覷賦赴付副訃傅賻	舊故霧腐
32. 柑部	酵粰咀担怕冇愚	—
33. 佳部	寄炙蔗柘跖墌鷓拓舍赦卸瀉	謝謝射榭也亦
34. 甘部	濫監鑒贛勘磡硆探譖暗闇懺讖釤喚喊	陥陷
35. 瓜部	輩背過髻卦課快綴配最嵗稅帨蛻帥尉慰濊穢熨蔚薉薈翽𢢐化咼悔誨貨晦嵗	焙葵行芮話畫画妹未覓尋伴
36. 薑部	帳賬漲瘬賬釣嶂塲醬相像	上様匠
40. 燒部	裱浗叫噭票漂糶粜照炤嬰醮像相笑	轎尿鴟廟庙

由上可見,《潮聲十五音》誤把“上去調”當成“下去調”,今予以糾正,並在《新編〈潮聲十五音〉》正之。

【参考文獻】

張世珍輯:《潮聲十五音》,汕頭文明商務書局 1907 年石印本。

蕭雲屏撰:《潮語十五音》,汕頭市科學圖書館發行,1922 年。

[美] 菲爾德(A. M. FIELDE)編撰:《汕頭方言音義字典》,美洲長老會傳教團出版社 1883 年版。

(清)謝秀嵐:《彙集雅俗通十五音》,1818 年文林堂出版,高雄慶芳書局影印本。

林倫倫、陳小楓:《廣東閩方言語音研究》,汕頭大學出版社 1996 年版。

馬重奇、施榆生主編:《海峽西岸閩南方言與文化研究》(上冊),中國社會科學出版社 2016 年版。

馬重奇、馬睿哲:《〈潮声十五音〉音系动态比较研究》,《古汉语研究》2020 年第 4 期。

新編《潮聲十五音》

馬重奇　馬睿哲　新　著
張世珍　原　著

李世銘序

饒平張世珍翁商場中翹楚人也身居闤闠之間心儀孔孟之業商務稍暇輒與古為徒考訂有年勤求不輟久之文字之道豁然貫通凡有筆之於書者類皆煥然可觀有條不紊曾士林名手無庸多讓至其聰明智慧又不僅叺文字擅長他如算術堪輿入其中者靡不軼類超羣叺此見翁之學問才能其得於人者半本於天者亦半也質學兼優翁實有焉戊甲歲過訪袖所輯十五音字學一部出叺示予余見其中字類廣備字義昭明曾限之叺潮聲而潮屬人數正自不少且八聲一曉便可按聲以求其字因字叺通其義明而且備簡而易能家置一編曾無師不啻

有師矣其嘉惠後學豈淺尠哉因慫其付梓裨求識
字者得所問津邑庠生張桐琴即翁之子也翁為余
姻戚之前輩余知之最稔爰綴數行弁於簡端宣統
元年己酉花月下浣澄海蘇灣居士劍樵李世銘序
於東江商邸

張世珍自序

僕於是編特為不識字者輯之蓋因僕性魯而質鈍自少不喜讀書迨入商場始知不識字之為悞也於是逢人求教不恥下問累年積月博覽旁通自覺頗有進步壬戌之冬隨族叔之暹任商船事業四海奔波上至天津煙臺下至安南嘪叻沿海四方靡所不到而所到之處輒購求字音一書如廣東廈門上海煙臺等處各皆有之然廣東則為嶺南之音廈門則為福建之音上海則為江南之音煙臺則為山東之音而口吻不同音韻自別不識其音無從入門後有友人傳受本屬潮聲十五音其字母四十有四潛心講求未越一月頗能通曉然此係口傳非有實授迨後日久時長逐字謄錄匯成一編

張世珍寫於光緒三十三年

四十四字母分八音

君滾○骨裙郡棍滑　家假○格枷下嫁○
高九○○猴厚告○　金錦○急○妗禁及
雞改易莢蛙○計挾　公管○國○○貢咯
姑古○○糊靠雇○　兼歉○劫鹹○劍唊
基己○砌棋忌記○　堅強○潔○建見傑
京子○○行件鏡○　官趕汗○寒○○○
皆改○○個○界○　恭拱○鞠○○○○
君緊○吉○肣絹○　鈞謹○○○近艮○
居舉○○○巨鋸○　歌稿○閣過個塊○
光廣○訣○倦貫○　歸鬼縣○跪跪貴○

四十四字母分八音

庚梗〇隔〇〇徑〇　鳩久〇〇毬咎救〇

瓜〇〇葛〇〇褂〇　江講共角〇〇降〇

膠絞〇甲〇咬教〇　驕繳〇〇〇撬叫〇

乖拐〇〇〇〇怪〇　肩璽〇〇〇〇間〇

扛卷〇〇〇〇鑽〇　弓竟〇菊貧競敬局

亀蠱故吸〇俱句〇　柑敢〇〇〇〇⿰米孝〇

佳假〇揭〇崎寄屐　甘感〇蛤頷〇監⿰口市

瓜粿葵郭〇很過半　薑〇〇〇強〇〇〇

叨部與皆部同韻故不載囉部與歌部同韻亦不載

哖部與基部同韻又不載　燒〇轎卩橋〇叫〇

有實授迨後日久時長逐字謄錄彙成一編然不過就街前所常用者識而錄之至有空音或有音而來識其字又或有音有字而錄之未備者皆留叺待識者補而入之如是雖不識書之人若能熟習此編自能識字而於市肆塲中不無少補云耳

光緒三十三年丙午仲秋之月饒邑隆都西二區商人聘三張世珍撰

一是集先將字母四十四字輪誦務求純熟每撮一字便知該字為字母中之第幾字遂問遂答始可謂之純熟矣

一是集字母純用上平聲之字蓋因上平聲方可轉得八音若非上平聲則不能轉得八音矣

一字母有口字殼者應將該口內之字作正音讀之如君之君瓜之瓜是也

一字母四十四字內公基堅光四字重音又叨囉哖三字在皆歌基之內除此七字外僅得三十七字學者勿叺其重音空音而遂棄之必不能成誦蓋先人立法以成誦為要其重音空音則勿論也

一讀法字母每字用平上去入四聲再分上下共得八音歷觀各處所
出類音均係七音其平上入三聲有分上下而去聲一音部分上下
故為七音夫去聲一音豈獨不可分有上下耶如是集鷄字之八音
上去聲是易字下去聲是計字又如亀字之八音上去聲是舊字下
去聲是固字按四聲八音上輕下重學者不可不審也
一字母除實三十七字每字分為八音則有二百九十六音每音再分
為十五音統而計之則有四千四百四十字音矣學者音韻務求其
正始能分別得清楚矣
一十五音中每韻第三字求字之下則是本韻之音如君部則曰求君
家部則曰求家高部則曰求高計三十五部二百八十韻莫不如是
者惟鳩部與燒部則不然鳩部本韻之音則在第四字去字之下燒
部本韻之音在第十字時字之下矣八音皆然此天籟之所自得口
吻之所使然也
一十五音訣曰柳邊求去地坡他增入時英文語出喜其訣配字逐音

輪轉各有重字之音如鳩字之上上聲則曰柳柳堅字之上平聲則曰邊邊居字下去聲則曰去去基字上去聲則曰地地歌字上平聲則曰坡坡膠字上平聲則曰他他弓字上平聲則曰增增金字下入聲則曰入入基字下平聲則曰時時弓字上平聲則曰英英君字下平聲則曰文文居字上上聲則曰語語君字上入聲則曰出出基字上上聲則曰喜喜此十四聲莫不如是者惟第三字求韻則無重字之音何也蓋因求字即鳩部之下平聲也按鳩部於十五音第三字求字之下非其本音也前已講明如其不然則是字面不正音韻不葉矣

一字母既經讀熟矣則每字仍轉八音而其學習八音之法只須讀君雞官龜四字之八音便可不須三十七字之八音而盡讀之也蓋字音貴正又貴葉此法也訣也一字字八音能葉則三十七字之八音無不葉則矣

一八音之法既已熟矣得矣則每音仍轉十五音其習讀十五音之法

又須讀君字之上平聲基字之上上聲便可更不須二百九十六聲之十五音而盡讀之也蓋字之音貴正又貴葉此法也訣也一聲之十五音能葉則二百九十六聲字十五音無不葉矣

一字母既熟矣八音又葉矣而十五音又熟且葉矣夫如是擴而充之統而計之則二百九十六聲四千四百四十音韻之輕輕重重明明白白者矣

一是集乃潮屬本土之音口吻相同者讀之則聲聲成調字字皆葉而其中亦有不能盡葉則如人與蘭同韻妻與鮮同韻又如箭與至盧與奴又如扇與世老與腦煥之與泛儺之與羅諸如此類正復不少不可得而分之者故附於同韻之內耳

一是集之字不過就其粗淺而易知者遂意集之而不能全備苟能全備則可與字類同用而為表裡相須者也如知其字而不知其音則求之字類若聞其音而不知其字則當求之時集矣

一字有同音或一音而有數十字者其音同其說之不同耳苟欲用字

有同字不同音者有同音不同字者叺音求字以字求義庶不差矣

一是集原為不會讀書者作之方今

國朝大興學堂學費浩繁貧家子弟不能入堂讀書其不識字者從此益多矣是集可為求識字者之捷徑若教其訣則此中之字於市肆場中坡可足用矣

一是集乃潮屬土音其中之四聲與正音之四聲多有參差不同者蓋土音各地皆有處處不同即吾潮屬九邑土音且多自不同況別屬耶惟求其義而用之可也識者諒之

一是集之妙能使兒童自喜讀之也夫兒童不喜讀書者十中有九也而自喜讀書者十中無一也今而曰自喜讀之得無謬乎非然者其中實有妙趣在耳是集名曰擊木知音設有甲乙兩兒均曉是集熟識擊木之訣將甲置於房中乙留於堂將房門緊閉勿令關通又使丙丁兩兒於堂上取書一部默指其字叺示乙而乙見書與字用木擊板甲於房中得聞擊節之聲便知堂中書為某部字為某音矣丙

丁兩兒未曉其意是必曰何術之精乃至於此必願求於甲乙者矣

此人情之常也夫何繆之有哉

附潮屬土音口頭語氣

問何處曰治—歌部下去聲地—　呼雞聲———亀部下上聲地—

問何人曰治—堅部下平聲地—　呼貓聲———基部下上聲枊—

銅銅聲——叫堅部上平聲枊—　呼鴨聲———基部下上聲文—

逐豬聲曰——皆部下去聲喜—　止牛行聲——哥部下去聲喜—

逐雞聲曰——亀部下平聲時—　應答人聲——雞部下上聲英—

時鐘聲——叫堅部上平聲地—　雞母聲——叫公部下入聲求—

呼豬聲———皿部下上聲英—　鷄子聲——叫嬌部下入聲求—

蛤子聲——叫嬌部下入聲英—　老鼠聲——叫鳩部下入聲增—

鵲鳥聲——叫嬌部下入聲增—　老蛤聲——叫甘部下入聲求—

豬哥聲——叫哥部上入聲喜—　鳥飛聲——叫居部上去聲他—

豬母聲——叫居部上去聲喜—　蛩鳴聲——叫基部上去聲求—

惡婦聲——叫家部下上聲求— 滴水聲——叫公部下上聲地—
霹靂聲——叫家部下入聲柳— 啟門聲——叫乖部上平聲英—
颶風聲——叫堅部上入聲頗— 賣物聲——叫哥部上平聲英—
透風聲——叫膠部上去聲喜— 埃礱聲——叫龜部上去聲喜—
嗚鑼聲——叫皆部上去聲去— 打石聲——叫堅部下入聲去—
落雨聲——叫膠部上去聲時— 飯滾聲——叫龜部上去聲求—

口頭土音不能盡錄右三十四音以為學者證其字音之正也

潮聲十五音字母四十四字

君家高金雞公姑兼基堅京官皆恭君

鈎居歌光光歸庚鳩瓜江膠堅嬌基乖

肩扛弓龜柑公佳甘瓜薑叨囉哖燒

潮聲八音

君滾〇骨裙郡棍滑　雞改易莢蛙〇計夾

官趕汗〇寒掃〇〇　龜久舊咕〇具故〇

平上去入平上去入　平上去入平上去入

潮聲君部上平聲十五音

柳腀　邊分　求君　去坤　地敦　坡奔　他呑　增尊　入㜕

時孫　英溫　文蚊　語〇　出春　喜芬

潮聲基部上平聲十五音

柳裡　邊比　求己　去啟　地氐　坡丕　他體　增止　入〇

時始　英以　文靡　語議　出恥　喜喜

前列字母四十四字逐字分為平上去入四聲上下共八音更將八音中又逐字分為十五音如此習誦三法既熟則聞音便知其韻無難事也

潮聲十五音卷一

君家高金

雞公姑兼

注：《潮聲十五音》文本中出現一些有音、有義而無字的情況，均以“口”示之。

1 君部上平聲

柳 掄 肥丨貌豐頸短曰丨

邊 分 分而折之曰丨俗以物與人曰丨 ⿰黑粦 黑丨 ⿰黑賁 同上

求 君 國之主曰國丨家之主曰家丨君者主也 軍 出征曰從丨兵丨 莙 菜名 鮶 水丨似魚蟲名 ⿱艹凵 草也

去 坤 乾丨坤為地 昆 丨弟兄弟也 崑 丨崗出玉 堃 仝坤土之厚也 鵾 丨鵬大鳥也 琨 玉之美者 焜 丨也光明 蜫 蟲類也

緄 縧也繡帶也 倱 不通貌沌音混丨 鯤 海中大魚 褌 褻衣也 髡 禿髮也 菎 香草也又丨潞箭囊 輥 轂丨轉之速也

巛 古文坤字

地 敦 丨厚以敬又惇同 墩 積土成丨 ⿰口敦 性情不爽 燉 煙丨火盛也 諄 丨丨囑咐也告曉也 鈍 器之不利人之魯丨 芚 物之初生又厚也

堆 積也蓄也 忳 悶亂也 ⿱敦食 貪食也 啍 丨丨語以誨人也 肫 丨丨懇誠也 惇 誠實也 窀 丨穸墓厚也 暾 日始出也

燉 丨丨無光燿也 鶉 鳥名鵪丨

坡 奔 丨波丨走 賁 孟丨勇士名 逩 走也 歕 吹氣散也 泍 水急也 犇 牛驚也 ⿱艹犇 是也奔走也 鐇 廣刀斧丨鏟 ⿰米番 米丨

他 吞 食物下咽曰丨大小相凹也又鼎丨盌丨盒丨 啍 口氣也重遲之貌 ⿰黃屯 黃也

增　尊 高大也卑｜長｜　遵 ｜從｜命　鐏 金｜酒器也　樽 酒器也　噂 聚語也　⿰飠尊 餅類也　蹲 距坐也　墫 喜也舞也

僎 鄉飲酒禮　僔 衆也　鱒 赤目魚也

入　⿰巾婁 以巾拭墀也

時　孫 子之子也又遠｜曰耳｜　蓀 香草也　猻 猴類　飧 水和飯也多食曰｜　搎 捫｜摸索也

英　溫 和順也柔也煖也　昷 和也仁也　瘟 ｜疫不正之氣　煴 煖也炙也　㬈 日短也　媼 老婦也　緼 絪也紼也亂也　氳 天氣也氤｜

鞰 靴不潔　醞 釀酒也　鰛 似馬鮫　豱 豬短頭皮理腠蹙者曰｜

文　蚊 ｜蟲又蚉仝　蟁 同蚉口有針能吮人血　汶 水名又玷辱也　呅 妥｜　炆 煴也

語　覃 劣也　皸 足坼也

出　春 四季又首曰｜　睶 同上長｜三｜　媋 美也女子字　椿 樹也又上古大｜

喜　芬 香草又｜鳥｜黃　分 十厘曰｜十｜曰錢　葷 ｜素又辛菜也　汾 ｜陽水名　紛 ｜｜言事之繁　昏 入暮曰黃｜　⿱一日 同昏日入地也

惛 闇也又幽｜　惽 不明也又不憭也　婚 ｜姻嫁娶也　緍 絲綸也　濆 水涯也　坌 塵也聚也坋也　怋 悶也不明也

棼 屋棟也又也亂也木多　氛 ｜氳祥氣也　肦 賦也大首也　睧 目不明也　閽 守宮門也｜人　渾 濁也大也什流也　溷 濁也厠也

君部上上聲

柳 稐禾束也 綸仝上又音倫耕 碖鞼也 輑車輪相連也 忍堅其心而不亂也用其義也

邊 本質也根也 畚盛土器也

求 袞王公之禮服也 滾激其水而揚其波也 滾仝上水氣上激也 㨰撕也又轉也 ⿰車袞車軫也 ⿰言袞順言談弄 鯀魚名又禹之父曰丨

吻吐也 ⿰石昆石從上丨下

去 綑丨者束也縛也 稇織也又丨載厚利 捆杼也取也等也 梱門械仝閫 悃誠實也 裍縛衣也 窘乏也苦也

僒同上乏也 捃丨撫拾取也 閫閫丨門限也門橛也 菌毒草也 壼婦人丨號 蕈香草也又水名 ⿱竹君竹名筍也

箘竹筍也

地 盾幹也戈也又丨矛 楯木名又欄檻也 腯肥丨充滿貌

坡 體劣也俗作體非 擠亂也 ⿱奄車車上篷也

他 ⿺匚屯積也儲也 囤仝上 噸不了也 坉以土築地也 ⿰月突肥也充滿也 笨貯也盛也粗卒也 ⿱竹屯盛米穀之器 ⿱竹囤同上

增 準規矩也平也 准仝上丨繩也 隼鳥名疾飛 鶽仝上 怎語辭 ⿰衤隼衣丨 噂聚語也 榫刳木竅

撙恭敬也

入 允許也納也 允仝上應納曰丨 吮以口吸之曰丨 狁玁丨似猴匈奴別名 俱勝也優也

時 損傷也又減也失也 筍丨竹之蒧貹 筍竹之胎也仝上 簨丨簴所以懸鐘鼓也

英 蘊藏也底也 穩安丨妥丨 𨄞安行也 韞仝蘊包藏也 隕墜也落也 磒仝上 殞丨歿也 搵以手擦物也

縕丨袍又淵奧也

文 〇

語 崀山名

出 忖思度也自丨也 舛錯也亂也不美也 蠢愚丨不敏也 惷仝上丨粗 𦙶胸丨 拵或也斷也 刌同上

喜 渾混也濁也 忿怒也恨也 粉白丨幼也 憤同忿發丨怒也 僨仝憤又怒也 坌塗面也 吩吐氣也

惲厚也謀也 賁大也又大鼓也 溷厠也 肦大首也

君部上去聲

柳 嫩柔軟也稚也柔丨細丨

邊 糞穢臭也除丨土丨

求 棍木丨又光丨丨徒

去 困受丨之也窮也 睏大目也 睔日光也

地 扽引也摩也 ⿸厂壽牛丨草名

坡 噴嚏也噀也鼓鼻也 濆水沸湧而出 噀同噴 歕含物丨散

他 ⿰米屯厚味也 飩同上

增 俊丨秀丨傑英丨 駿良馬也 峻高大也山極高也 竣畢也 踆止也 埈險也 狻狻丨又獅子也

浚深也大也又水道也 畯田丨勸農官也 鮻魚名 捘推也擠也 逡丨巡不前 鋑凋刻也 雋與後同才丨

儁衛也勝也 㒞同俊 鐫鑽也 僔遠也疾也 濬幽深也又明哲也 焌然火也

入 㖃口丨也

時 舜堯丨仁聖盛明也 瞬丨息片時也 蕣木權俗秤也 瞬一轉目曰丨 眣以目使人也 巽順也又卦名 遜謙丨順也恭也抑也

英 塭海田曰丨田又水田

文〇　語〇
出寸十分曰丨小度也十丨曰尺十尺曰丈
喜訓教丨又教丨導奮丨專心致志之義也丨志丨翼坌掃除也
君部上入聲
柳脫俗如果之熟曰丨蒂用其義也
邊不否也非也莫也
求骨肋丨石為山之骨⿰馬骨獸名
去屈不伸曰丨受丨枉丨堀平地蓄水之處曰丨倔強梗貌⿰王屈穴也又玉名⿰糹屈伸丨又狄衣也⿰月屈臂也黜陟也放也窟狡兔有三丨地室也詘竭也塞也
地突無端而至曰丨然而來
坡〇
他脫丨落丨走暑也倪猊也輕也怵丨惕黜丨陟貶斥也
增卒兵丨士丨大夫死曰⿰亻率行貌又律同率畢也偕也罷也驟也又草丨又仝卒蜶蝗丨蟲名喜聞倅兵有名曰丨⿰風卒風聲也

焠炮鐵入水則堅 猝倉丨暴疾也突也

入〇

時戌守也又十二支辰之一 卹憂也滑也 率丨師又將兵也 恤滑也賑也 賉仝上賑也 誳又恤仝與 帥統領也丨師將兵也

英鬱不得伸也結也 鬱積也滯也仝上

文吻口丨如各處土音也 伆離也斷也 魩魚尾也 脗合口也

語〇

出出如人初生也出入 齣戲丨

喜弗與不同 拂不順也丨面丨袖 沸水滾曰丨 彿彷丨不定也 怫恍丨心神不定 坲丨埻塵起也 紼執丨送喪也又絲丨

咈不為之辭 ⿰衤弗衣服也 ⿰礻弗求福也 ⿰孛弗丨怒也 呼心憂也 艴怒而色變也 ⿰足弗跳也 𧺟走也

髴髣丨相似也 茀草所以引柩 由鬼頭也 忽丨然言其遠也 惚恍丨心不定也 祓求福除災也 黻黼丨彰也

昒目明也不 笏朝堂執丨也 芴草盛也茂 欻動也疾也

君部下平聲

柳倫五丨人丨理也常也 輪善轉曰丨丨迴車丨 綸絲丨經丨青絲綬也 淪丨落丨沒又小波也 掄丨撰也又擇也貫也 崙崑丨山名也 侖天形也又思也暑也

邊 歕 吹氣也如俗燈燭不用則吹息曰｜息
求 裠 下衣也又帬裙仝 褌 下衣也仝上 囷 廩之員者曰｜
去 群 合而為｜成｜ 拳 ｜｜不忘貌又手｜
地 唇 齒之衛也｜舌｜齒 脣 ｜亡齒寒 漘 仝唇與齒相依
坡 墳 墓也又三｜大道 坟 同上塚也 盆 盛水之器曰｜面｜ 湓 同上又浴｜
他 豚 鷄｜｜小豕也 豘 同上又㹠同小豬也 魨 魚名 貚 野豕也 芚 菜似莧
增 船 舟也有木｜鉄｜火輪｜
入 〇
時 旬 十日為｜甲已為首 巡 ｜更｜查｜狩 徇 ｜情｜私 循 ｜環流將 恂 信也樂也 偱 ｜述也 絢 采文也
遜 謙恭也 詢 訊問也 洵 水名 [illegible] 疾也 淳 樸也 荀 ｜草未實又地名 純 ｜｜不雜也
逡 ｜巡不前 醇 美酒也 鶉 鵪｜鳥名 謏 留言也又有所求也 狥 ｜情｜私同徇
英 匀 均｜不多不少又平｜ 焚 以火化之曰｜ 芸 香草也｜窗書室也 筠 竹膚也竹｜ 紜 紛｜言事之多也 燌 仝燒 篔 ｜管竹之別名

馩香氣也 耘耕丨田事也 沄水漫流也 緼網繩也 壇用泥以阻水也 雲與言字通也

文 文明丨字丨物丨章 汶水名 紋布丨掌丨篆丨波丨 旻丨天又秋天也仁覆也 抆拭摩也也 聞耳之有丨聽也

砇次玉如石也 雯雲成章也 ⿱釆耳猶聞也 玟玫瑰 抆玉頳也 捫撫持也 紊丨亂什也

語 ⿱君牛牛黑耳也

出 存丨者猶在也丨心丨名又餘也

喜 雲氣升為丨化而為雨 魂神丨人之氣魄也 痕苔丨水丨 曇雲布也又姓 囩田二十頃也 沄水轉流也 澐江水大波也

蕓丨薹菜名 橒木上又也

君部下上聲

柳 論立丨理丨丨說言丨統丨

邊 俗謂大船面上面曰丨

求 郡治也省轄丨丨轄縣

去 〇

地 迍逃｜走也 燉以瀛蒸物曰｜ 頓｜首｜足｜挫 遁逃｜隱也去也 沌水不通貌混｜ 遯卦名又逃｜ 循仝遁

坡 ○

他 ○

增 鐏鑽也

入 潤｜澤滋｜浸｜水｜

時 順風調雨｜大清開國曰｜治｜水｜流｜風｜民情

英 慍不悅曰｜恚也

文 聞｜時｜禮｜見 𦗵同上｜說｜香｜言

語 ○

出 ○

喜 混雜也不淨也 渾全也統也 圂厠也積穢也

君部下去聲

柳 論四書｜語有上｜下｜

邊 飯幹曰｜稀曰粥米｜ 笨洋式十二兩曰｜

求 〇 去 〇

地 〇 坡 〇

他 填俗以土｜地曰｜用其義也 屯｜田有官租也

增 陣俗以風之乍有乍無曰一｜一｜用其義也

入 閏月餘積｜閏餘成歲 時 〇

英 運五百年為大｜八十年為中｜六十年為小｜ 鄆地名又姓 韻音｜時｜ 韵仝上

文 悶不樂曰｜煩｜ 們｜然不覺貌

語 〇 出 〇

喜 分不敢妄為曰安｜ 份仝上應｜己｜守｜

君部下入聲

柳 聿 丨修丨懷 律 丨例丨法丨呂 嗃 危也 俥 魁大貌 驈 丨相持蚌 嵂 山高也 捙 以手持物也

剷 刮去惡瘡也 吶 口難於言也 㕯 語不明也 訥 出言遲鈍也 衲 老丨僧家自稱也 率 丨例又算術約數也 矞 以錐利也又丨雲

遹 循也述也 鷸 鳥能知雨之將至

邊 昢 日月初出光未盛也

求 滑 善轉者曰丨通利也 掘 翻田翻地用丨 磆 石名丨石 猾 狡丨心不直貌 抇 仝搰 汩 丨丨其來

去 淈 水不流行 㭾 斷木無枝 尾 鳥短毛也 泬 水流貌

地 術 草木之名白丨於丨 突 丨如其來 宊 同上丨然而至 傛 唐丨至遜也 堗 灶徑也 腯 牛羊肥也

坡 哱 吹氣也

他 脫 落也卸也墜也用其義也

增 秫 丨米軟米也 糯 同上米之粘者 秐 俗同上黏米也 術 白丨 茮 菊丨草名 炢 煙出也

入 〇

時 述 作也父作子丨 術 技也藝也法丨道
英 臥 俗曰丨睡也用其義也
文 沒 無餘曰丨沉丨存丨 歿 丨者死也 疫 疾也丨氣丨時 勿 禁止之辭也又非也無也
沕 淪丨
語 臥 俗謂睡曰丨用其義也
出 ○
喜 佛 釋教曰丨教神丨 核 果內有子曰丨用其義也

2 家部上平聲

柳 ○
邊 ○
求 家 男子娶妻曰有又丨業丨計丨事 加 丨減丨者有餘也 袈 丨裟胡衣也
去 ○
地 爹 正音丨娘猶父母也老丨土音也
坡 ○
他 ○
增 齋 丨戒又書室也又恭也敬也又素菜曰丨菜 齋 同上又丨堂食丨
入 ○
時 紗 棉丨洋丨羅丨 裟 袈丨佛衣也 些 少許也
英 ○

文〇

語〇

出 差 特命之行曰|又役也 叉 一縱一橫相交曰| 杈 挾取也枝木也椏|

喜 嘟 喘息急曰|

家部上上聲

柳〇

邊 把 束薪成|草火|又|持

求 假 偽也失實曰|真|

去〇

地〇

坡 桴 暹人編竹為排可作浮宅曰|

他〇

增 這 |者此也 㚰 女兄曰| 姐 同上姊姊從同

入〇

時 捨 正音勿也俗問事之要不要正音曰|得不得棄也

英 冶 冶 爐|冶五金之器也 啞 不能言者曰|

文 猛 迅速也

語〇

出 撦 強令之推捉之曰| 扯 同拖|上

喜〇

家部上去聲

柳〇

邊 柄 斧之柯曰|斧頭|

求 價 以物求錢則曰| 嫁 以女適人曰|女| 稼 |木|穡

架 書｜物｜又稼仝 駕 聖｜台｜又｜馬
去〇
地 濾 凡物去汁留質或取津去粕也
坡 帕 布｜羅｜手｜巾也
他〇
增 債 欠人之財物曰欠｜避
入〇
時〇 英〇
文 嫲 邏人呼其母曰｜
語〇
出 廁 ｜池積穢也
喜〇

家部上入聲

柳 靂 霹｜迅雷也俗言
邊 百 一而十而｜而千而萬 伯 父之兄曰伯 佰 同百數之滿也 栢 松｜木名｜舟
求 格 物可為法者｜曰｜物｜成 隔 有所間斷曰｜阻｜ 鬲 鼎曲腳又量度也 膈 胸｜心脾之間也
翮 翼也 革 除也｜舊
去 客 主｜在家為主出外為｜｜地｜舍
地 壓 俗以重物加之曰｜俗有｜地｜底
坡〇
他 吒 驚懼之貌 託 矜誇也 奼 少女也 吒 叱怒也 嫭 西施之流美好也
增 乇 草名又草葉也 責 治之以罪曰｜罰也 職 官｜又｜任也｜份 績 紡｜又功｜又紡｜ 仄 平｜限韻也
昃 盈｜盈滿｜虧也 嘖 語言錯雜曰｜ 幘 髮有巾曰｜頭巾也 櫛 ｜風沐雨巾｜又理髮
漬 猶漸也 勣 功也功｜ 讀 怒也 窄 狹也 蹟 跡也 沠 水浹流也

入○時○
英厄險|危|要扼束也拘也阨同厄阸限也塞也搤同厄握也捉也
文咩羊聲也
語○
出策計|良|筞同上又|問冊書|筴|筮|也
喜○

家部下平聲

柳○
邊杷糞|犂|枇|栖|頭勾|琶琵|樂器也爬搔也
耙犂|田具也
求枷木|刑具也
去○

地茶香草也泡水供客焙|茗也烹|
坡○
他○
增○
入○
時儕等也輩也吾|
英楹棟|樓|屋上樑也
文夜日入則為|晝|日|
語牙齒|象|芽萌|草|衙官署曰|門蜈|蚣俗曰|蚣百足之蟲
出查稽|巡|
喜鰕魚|有節長鬚蝦同上侶魚|瘕痕|女人之病

家部下上聲

柳〇

邊父 生身之本曰丨母生丨嶽丨嗣丨

求下 高曰上低處曰下上音

去〇

地〇

坡〇

他〇

增〇

入〇

時嚌 吃也吸也

英下 上丨高低也 廈 丨門地名土音

文〇

語呀 俗口頭語氣 梗 直而不屈曰剛丨骨丨果丨

出〇

喜下 俗裝儼曰丨船丨貨 夏 俗姓也

家部下去聲

柳〇

邊口 疾也

求〇

地〇

他鮀 水母也水丨 蛇 同上酒菜也醃丨

增寨 環屋為寨營丨樓丨山丨賊丨

入〇

時些 丨湏少許也

英 耶語辭疑詞 下俗一下一丨匀匀之意 揶丨揄侮美之意

文 罵以言責人曰丨惡語加人亦曰丨詈丨相丨

語 〇

出 〇

喜 夏四季之一曰炎丨九丨 廈大丨巨屋也

家部下入聲

柳 歷自古及今同曰丨又曆 嚦丨聲也 壢坑也 瀝以泊灌地曰丨

邊 白素色也潔丨 帛布丨金丨玉丨

求 口不順人意也又逆意

去 〇

地 〇

坡 〇

他 宅家丨住丨曆丨相丨

增 〇

入 〇

時 〇

英 〇

文 脈氣血往來動處曰丨血丨 脈同上氣丨 眽交相視曰丨丨

語 〇

出 〇

喜 〇

3 高部上平聲

柳 拌俗以物丨之使其均匀曰丨今以丨用其義也 嘐誇語也志大言大也

邊 包如以布裹物曰丨 胞一腹所生曰同丨 苞草木叢曰丨 庖丨廚調羹之所也

求 高上則曰丨登丨品丨 交丨道接禮丨友 郊野之外曰丨東丨 溝港丨為通水道水丨

勾丨者曲也丨股 跤相兼之地曰丨丨扯 蛟丨龍能致雲雨丨騰 羔食料也又小羊

皋緩也澤也 滜丨陶又九丨 嗥咆丨熊虎聲 鉤鉄曲成丨鉄丨

轇丨轕事未了了也 鮫沙魚也子可入母腹 橰桔丨車也 ⿰禾皋禾名

咬鳥聲也 嘐雞鳴聲也 茭乾芻 篝燻籠也

去 鬮凡物無私則曰投丨 龜仝上丨受

地 挑止也住也 挑丨攪丨搭

坡 拋丨擲丨棄丨磚引玉 褒獎譽曰丨丨貶 襃揚美曰丨譽也

他 叨受也貪也 偷盜也竊也 爊煨也灭也 忉憂心也

韜六丨兵書也 慆喜也慢也疑也 瑫玉飾劍也 ⿱竹舀飼牛器也

鏖丨兵丨戰也 舠舟也小 坳丨凹也 謟疑也 絛絲丨也

縚仝上 幍巾帽士人服也 嘲語言相調也 謿仝上戲美以言也

增 糟丨糠丨粕酒滓也 遭丨逢奇遇也

入 〇

時 梢尾也草丨竹丨 騷丨人丨客丨壇 搔丨癢丨擾 慅動也

筲門丨器之小者 蒐春獵曰丨又隱也 抓丨癢也同爪 溲小便

臊腥臭也 搜尋也 艘船總名 艄船尾丨行舟具也

英 歐丨州地名丨陽姓也 甌蓋丨碗也陶器也 鷗沙丨鳥也

謳漫歌曰丨歌 嘔小兒語也 枵玄丨纏舍也天星也

文 〇

語 囂丨丨多言也 嗷同上又嗸同 嘵丨丨懼也 憢

出 抄丨寫丨數丨錄丨書 操體丨鍊也 繰丨絲以繭丨為絲也

喜 浩大也丨然之氣 昊元氣博大也 嗃丨丨叫聲

鎬丨京地名 鄗同上 傐地名 蒿蓬丨草盛也

饕 丨腹飢也 哮 咆丨凶惡之聲 皓 光明也 塈 土釜也 鴞 鴟丨惡鳥也

皞 太丨東方之神也 薅 拔去田草也 灝 水遠也 虩 虎怒目也

柳 老 丨輩長丨丨者吾丨 荖 丨葉草名以之敬客 潦 無源之水曰丨水水之不潔者 嘐 寂靜也

砮 石可為矢鏃 惱 怒也憂也 瑙 玉石之類曰瑪丨 腦 根至丨乃頭之主也

磠 石類丨砂 ⿰亻𡿺 努 丨力言盡其力也 弩 丨箭一丨三箭也弓有臂也 笔 柳器也竹器

駑 劣馬也又丨駘下乘

邊 保 丨障丨平丨家 葆 草木叢生曰丨 褓 繈丨小兒之衣也 鴇 鳥名毛有豹文管妓女之老嫗曰丨母

求 九 數目也奇數也 玖 同上又瓊丨次玉也 狗 蓄以守門也 狡 丨猾不直之貌 皎 清白也丨曰又皜同

滈 久雨也 佼 好也美也姣同 夰 放也 杲 明也高也丨丨日出 皓 大也白也

枸 丨杞葯名 恔 憭也慧也黠也巧也

去 考 丨試祖丨又攷同 口 所以出言而受食也 拷 訊責也又栲同 尻 脊骨盡處

丂 氣欲舒也 釦 金飾器口

地 鬥 升丨十升為丨十丨 蚪 蝌丨蟲類也 倒 顛丨猶翻來覆去 科 柱上方門

戽 門鬥以安門也 禱 丨祝也祝神祇曰丨 嶹 與島同又海中山也

島 丨嶼海中之山也 壔 堡也又高土也 找 丨押丨換

擣 指也又搗仝 燽 著也一音儔 燾 同上普覆照也

坡 跑 馬急走也丨馬丨路

他 討 索也要也正音

增 走 疾行也行之速急也 蚤 跳蟲也俗丨膠 ⿱叉䖵 虱丨同上

入 〇

時 嫂 兄之妻也 㛮 同上

英 拗 但物兩頭曰擔單頭曰丨又執丨情不和也 嘔 吐也氣逆也

毆 打也擊也俗相打也

文 夘 支辰也又衙從之丨名也 昴 星宿也 茆 鳧葵一名蓴菜

語○

出艸地之所生不在百穀之內曰丨草同上山丨水丨蔓丨藻蘋丨采丨傈丨丨長貌

喜吼聲之雜曰丨水丨風丨獅子丨好正音善也美也妙也唬丨虎聲也河東西丨

高部上去聲

柳漏如水自上流下曰丨水丨油丨

邊報正音

求告丨知尤稟知也丨訴丨達到潮音到此以丨止也誥丨封丨軸丨命丨贈窖地藏也又穴也

去叩丨首丨頭問也發也扣丨除又擊也哭哀聲曰丨

地到丨齊丨厝丨家止也

坡炮大丨火丨鉄丨快丨泡丨茶用開水沖者曰丨苞茂盛也行丨礟大丨與砲同

砲炮同丨無煙丨台庖煮食之所曰丨廚

他套內小外大曰丨如丨襖上加丨庫丨外透丨風通丨也過也徹襘襖丨禮服也

訃以言掇誘曰相丨

增奏上丨入丨丨章丨樂灶火丨爐丨泥丨竈同灶造也造創食物竈同灶丨神孟夏祀丨

輳輻丨集也四方輻丨腠丨理皮膚之間也湊攢丨又水會也

入○

時掃洗丨丨地丨徑丨雪嘯虎丨長丨吹聲丨埽同掃花徑不曾緣客丨

漱咳丨疾也氣不舒也哨丨官巡丨箇以來警吹

英奧深丨義丨書之丨擙磨也䜔告也語也隱燠煖氣也

墺地近水涯嶴丨山丨扷量也詏言逆也

懊丨悔因愛也生惱丨恨嬟婦嫉夫也同妬

文○語○

出燥於丨丨氣丨急操力作也又節丨臭潮俗味之惡者曰丨躁疾也急也動也

噪鳥聲眾多譟擾也煩也聒也懆恐不伸也吵丨閙人聲煩什

喜 孝 行|||子|道順| 倖 |佬大貌

高部上入聲

柳 〇 坡 〇

邊 口 傷也

求 口 捲也

去 〇 地 〇

他 〇 增 〇

入 〇 時 〇

英 〇 文 〇

語 〇 出 〇

喜 〇

高部下平聲

柳 劉 姓也殺也又敷陳也 樓 室有二層者上層曰| 留 徐也久也止也遲也

嫪 |毒人名又戀惜也 流 水之自行曰|通| 勞 |力|苦|心|逸 嘐 ||志大言大

澇 大波也又|灘 癆 |瘌又痛也 醪 濁酒也 撓 阻|亂也

憦 伴|又同勞 鐃 小證也 呶 讙聲又喧| 怓 昏亂也

猱 猿屬性善升木 樓 同上樓臺|閣|登|更上一層 勞 同上勞則善也

邊 〇

求 猴 獸也似人而小遍身有毛善鮮人意

去 〇

地 投 投桃|書|宿|生 骰 牙|骨|賭具也

坡 袍 長裘也緼|長| 咆 |哮熊虎聲也

他 頭 身之首也|顱 陶 |瓦|屋|器皆瓦類又姓 濤 波|水湧起也

檮 |杌惡木也 鞀 小鼓有柄持而搖之則鳴 淘 |洗米也||水流也

飍大風也 幬禪帳也 啕丨氣多言也 醄醉也 綯絞索也宵爾索丨

鋾丨鑄爐冶工也 謟多言也又小兒未成言 頭同上頭

增 匀俗謂齊整曰丨無大小粗細

入〇 時〇

英 喉食從丨下氣從丨出

文 茅草也丨舍丨屋丨草 矛戈也戟也又丨戰具 毛丨草丨病拔丨不丨

旄幢也旃類 眊視不明也眸子丨焉 耄九十歲曰丨老丨 瞀目昏也

鏊兆丨頭魁也 髦髮也 蝥丨蟲又狐名旂也 芼草覆蔓也

語 敖遊也道遙也丨遊 遨同敖遊也 廒倉丨儲積所也 爻卦丨六丨

嗸丨丨哀鴻也 肴酒丨丨核又殽同 崤東西二丨山名 詨言不恭敬

殽錯雜也 獒大犬也可同使而行獓 鰲魚也占丨頭中狀元也 鼇介蟲之大者同上

熬俗煎也煮也 滶水名 嶅山名小石也 淆混丨濁也雜也

翺丨翔飛天也 螯有蟹丨車丨 謷言不恭謹也 餚饌也

出 曹等也姓也 漕丨運糧艇也丨督 巢鵲丨鳥丨丨穴 繅丨絲即紡絲也

罾捕魚網 嘈喧丨聲仝也又譜 ⿰石巢古人有丨居 麨麨丨作事不精細

螬食餾 勦輕捷又勞

喜 豪丨傑丨雄豪丨 毫厘丨狠丨丨筆丨秋丨 濠河丨又壕同

⿰阝豪城下道曰丨 豪豪同英丨也 壕城下池丨城丨即河也

高部下上聲

柳 老年高者曰丨丨大

邊 暴性情緊烈曰丨 鮑魚名又姓 褓繈丨小兒衣也 謈謔丨

求 厚丨薄敦丨福丨地之丨也

去〇

地 道丨德丨路丨術又天下有丨 衜同上聖人之丨 導引丨開丨

盜｜賊私利也小賊也 蹈足之｜之踐之蹈同 稻禾也 [illegible]同上動也遠行也

纛軍中大旂也 翿同上大｜軍前旂 耈七十曰｜老之稱也 髟髮長也 燾覆照

坡 抱兩手合而為｜ 裒同上懷｜

他〇

增 造｜作｜次｜擾豎｜ 皁｜隸｜帛 皂同上｜色 悼心傷曰｜｜亡憐也

罩羅｜｜蓋幃也 [illegible]小網也又覆鳥也 慥｜｜篤實貌

入〇 時〇

英 後先｜前｜裕｜善｜ 後同上又｜土

文 貌相｜面｜儀容也 冒｜認｜寐 瑁玳｜似鼂之殼也 媢妒嫉也

語 傲寄｜｜遊驕｜ 慠同上性情驕｜ 奡人名｜盪舟 謸謔｜笑｜也

樂喜好也心也之所好｜

出〇

喜 灝大也又白也 效｜力象也功驗也 傚｜法又傚同法也放也 校學｜猶學堂也

恔快也 斆教也

高部下去聲

柳 漏水涉曰｜又更｜滴｜ 閙熱閙人物之盛也 鬧同上俗遊戲曰熱｜

淖泥｜和也 橈枉也推折也 屚雨穿屋曰｜屋｜

邊〇 求〇

去〇

地 荳俗類｜有五色 痘｜即痘也俗有種｜之事

坡〇 他〇

增〇 入〇

時〇 英〇

文〇 語〇

出〇

喜 候問｜即問安也 睺五日一｜四時七十二｜ 效神｜功｜

鱟有殼之魚似蟹而尾長也

高部下入聲

柳〇 邊〇

求〇 去〇

地〇 坡〇

他〇 增〇

入〇 時〇

英〇

語 樂禮｜之｜也又山之後｜後有山曰｜堪輿曰

出〇 喜〇

4金部上平聲

柳 歆少飲也 諃善言也

邊〇

求 金五金之魁色黃而潤至貴者 今此時也眼前｜早也如｜今日

去 欽敬也｜差｜命又銅｜樂器 衿衣｜同｜又衣帶也 襟同上又胸｜連｜

⿰忄禁心動也又心堅也 衾同衿衣｜ 嶔山聳立也

地 琛寶玉也天｜自然之寶 酖｜於酒色｜尤碎也又美酒 鴆鳥｜有毒能殺人

眈虎視也又樂也和樂且｜

坡〇 他〇

增 斟商相也商酌也｜酌

入 紝織｜也又齊也

時 心人身之主也 芯艸名

英陰丨陽又幽暗也 音聲丨五丨八丨十五丨 侌同陰 愔安和貌 吽牛鳴也
喑丨泣也失聲不能言 瘖丨啞也口不能言 霠小雨也同陰 黔同上又覆日也
文〇 語〇
出深丨淺丨幽邃也藏也密也
喜歆神饗也又欣羡也 鑫人名古人有五子以三金三木三火三水三土各成一字以名其子者

金部上上聲

柳㐭稟無廩四字同藏米穀之所曰倉丨 凜丨冽寒也 澟同極又淒清也
檁屋上橫木丨
邊品丨物人丨器丨 匾丨額丨牌 稟啟丨以下達上之辭
求錦丨綉彩色也織丨
去〇
地戡研也又刺也音堪克也 䟐行無常也也不進 踸同上行無常也

坡貶丨責也褒丨責遣也
他〇
增枕丨頭玉丨竹丨石丨流
入忍怒氣而能禁止曰丨丨心丨性 仭八尺之長曰丨 刄白丨剛刀也 荵花名隱丨冬草也
牣滿也蓋也 袵絹帛之屬領丨曰丨左丨 衽衿同也上衣臥席也 飪烹丨熟食也
餁同上丨熟也失丨過熟也 荏菽荳又柔也又侵尋也 恁思念也又下齎也
屻山曲也又山高也 軔車之初起丨而行曰發
時審推求其理也丨思 嬸叔父之妻曰丨母 沈姓也又陵上滈水也水之濁者也
英飲渴則思丨咽水也奄也丨酒丨水
文〇 語〇
出寢丨眠也丨室內丨 葚䄒也 鋟刻板也
喜[illegible]熱氣者膚也

金部上去聲

柳	頏 俯首也
邊	鬢 ｜髮頭之兩傍曰｜ 遍 普及也｜地｜野 徧 同上週也
	篦 梳之密齒｜者是也虱 鬂 同上 髩 同上
求	禁 制也止也囚也 噤 同禁也不能言也 僸 同禁犯｜囚｜
	澿 寒｜也 𠢮 用小也又用力也 歀 人名劉｜
去	欠 不足也虧也負也缺也又賭也
地	䚋 私視也 䚌 同上
坡	〇
他	〇
增	浸 清也滋潤也
入	〇
時	〇
英	蔭 庇｜福｜草所庇也 窨 ｜穴俗作生基地室也 廕 屋宇之｜庇｜

	癊 心病也 䏡 同上心中病也
文	〇
語	〇
出	襯 近身之衣也又近屍也 沁 水名 㕭 大吐也喓同 櫬 近身棺也
喜	〇

金部上入聲

柳	〇
邊	必 ｜者不悞也定也審也 筆 筆同紙｜｜墨管城子也
求	急 緊｜不容緩也緩｜ 給 供｜備其所用相足也
去	級 層｜層次階｜ 汲 ｜水烹茶 伋 姓也人身之頭曰首｜ 扱 取也引接也
	吸 吹者氣出也｜者氣入也如｜煙｜水顮仝 笈 箱簍也負｜從師 彶 遽急行急也
	岌 高也危也｜｜不安貌又圾同 㑴 ｜｜人衆也 㴔 水流急也
	泣 哭｜哀聲也 赥 赤也又笑聲

地○ 坡○

他○

增 執持守也丨理又丨事丨戈 執同上小寫 ⿰亻執丨事同執 蟄丨蟲也驚丨則化驚

謺侍御也 縶縲也縶也拘執也

入○

時 濕水潤也如地低則丨又溼同 隰州名又下丨不乾也 溼土水之氣蒸而為丨又丨氣

雭雪丨大貌丨丨雨聲也

英 把兩手合拱為丨禮也 邑縣曰丨都丨潮州九丨 揖拱丨讓也 俋勇壯之貌

浥溫潤也濕也 悒不安也 ⿱竹邑捕魚具也

文○

語 ⿰虫岌蟲行貌

出 緝丨捕也績也續也 楫舟丨也行舟具也 偮人衆貌 戢藏也止也

⿰亻集人聚也 諿續也和也 ⿱艹揖艸名丨蒳草密貌 濈和也又疾貌

檝舟也同楫 ⿰扌戢交飲也 咠言也舌之聲口 湒水貌雨下也又和也

輯和也斂也聚也 ⿰車戢諧也和也同輯 膝足也屈丨容丨

葺修補也覆益也 ⿰口吕眾口也 蕺丨山又菜名 ⿰忄咠心不正也

喜 翕翖同上歛也起也合也 ⿰亻翕同上兄弟既翕 潝水疾流聲 ⿰女翕莊覆也

熻熱氣也 ⿰言翕言疾也 噏全吸丨斂也 歙飲氣又丨鼻也 ⿰目翕眇視也

金部下平聲

柳 林木多成丨樹丨竹丨 淋丨水多丨離水落 琳美玉也 ⿰亻林鈍也不利也

棽樹枝繁雜貌 霖丨雨雨不止也 啉貪也巡匝曰丨 痳小便不便有五丨疾也

臨蒞也降也視也 ⿱雨淋同霖雨也

邊○ 求○

去 琹丨絃古五絃今七絃 琴同上樂器為也桐木所 禽羽族曰丨飛丨

擒捉也挪也檎果名林丨

地沈沉重不能浮水者曰丨沉同上丨滅浮丨

坡楪木名

他瘎腹疾也

增蟳兩腹八足蟲類也

入壬十天幹之一壬癸屬水

時忱心誠也信也椹桑丨即桑之實也又葚仝諶同忱誠也信也又堪霃久陰也

英淫貪丨婦人之病霪丨雨連綿也婬私逸也

文民庶丨百姓也良丨氓流民也眠翕目也

語忢衆立也㑫傗丨頭向前也岑山高也丨巒涔清也又取魚也

碒名山砛石丨黔黑色也又丨黎丨首

出尋求丨也又十尺曰丨侵漸也近也駸馬疾行也驟也侵漸漸也

祲陰陽二氣相丨以成災祥潯水涯也璕次玉石也鄩國名又姓

䛨私語也浸冷也鋟刻板也

喜熊獸名丨虎夢丨

金部下上聲

柳〇邊〇

求妗舅之妻也母舅曰母丨妻舅曰妻丨

去〇

地朕天子自稱曰丨躬眹目中瞳子也㴨水流貌𤍹隔水火也

坡〇他〇

增〇

入任職也職丨事丨重丨賃貸也傭也妊婦人懷丨姙同上

𥬠席也竹丨艸丨簾丨荏丨苒又尋也豆也柔也

時 甚 尤也太過也最也 伈 心恐貌從心上聲
英 口 潮俗身有微汗曰丨丨
文 ○ 語 ○
出 ○ 喜 ○
金部下去聲
柳 ○
邊 口 潮俗謂便曰丨
求 ○ 去 ○
地 ○ 坡 ○
他 ○ 增 ○
入 任 官府赴丨
時 口 俗暫待片丨曰丨

英 ○ 文 ○
語 ○ 出 ○
喜 ○
金部下入聲
柳 立 位置也豎立佇丨卓丨
邊 畢 完也竣也禮丨事丨 驆 住丨停丨 蓽 蓬丨生輝
求 及 屆也丨時又丨 芨 白丨藥名
去 掐 爪刺也 吸 口丨
地 ○
坡 ○ 他 ○
增 集 聚丨也成也安也衆也 疾 丨病又急也迅速也 潗 小泉也 嫉 妒丨忌也
㑵 妎也毒也 蒺 丨藜藥名 𧩼 語忘也

入入納也出入以恭入敬入同上又進也

時習鳥數飛也又學丨褻狎丨也衣丨瀆⿰虫習虫行貌⿰習羽飛也熠光盛貌

襲重衣曰丨又充美也拾收丨也又丨芥湁水沸貌褻丨裘長短左袂

英○

文蜜蜂蜜飴也密緊丨丨疏滅殁也絕也沉丨掩丨

語○ 出○

喜○

5 雞部上平聲

柳○ 邊○

求鷄雞同德禽也街市道也堦丨級玉丨堂丨階同上偕俱也強力也

去溪水聚川曰丨山丨河丨谿同上水之道也丨澗

地堤築以防水也丨岸隄同上岸也限也防也

坡批標判曰丨珠丨明丨發丨丨示

他釵笄岐曰丨裙丨首飾也

增○ 入○

時嘶馬鳴曰丨馬丨聲丨又聲破也樨木丨桂之別名

英挨丨礱丨磨丨延

文○

語○ 出○

喜睽自疾視物不現曰丨

雞部上上聲

柳禮儀丨行丨丨者敬也礼同上又丨樂又交道接丨

邊版朝丨木丨判也築牆丨也

求改更也換也丨過丨正解判也支也散也繲索也丨纜

去〇

地底 質也到丨有丨船丨

坡〇

他體 質也身丨事丨丨念 骵 同上又丨育丨操團丨 体 同上

增指 手掌有五丨丨點丨教丨示丨南

入〇

時洗 丨掃漿丨滌也 洒 同上又雪也 筅 丨帚又飯具也 灑 以水丨地掃之產不起也

英矮 人身不高曰丨丨國丨子丨人 倭 同上又腠仝

文買 丨物以財易物曰丨丨賣

語〇

出筅 毛丨竹丨丨掃

喜〇

雞部上去聲

柳〇 邊〇

求計 算丨求丨設丨會丨 疥 瘡丨皮膚之疾也

去契 紙丨田丨厝丨稅丨又丨丹丨闊

地質 潮屬謂丨為丨有丨

坡〇

他代 以己任人曰丨以身丨以力丨以物丨

增結 續蔴苧而如絲曰丨

入〇

時細 丨者小也有事故又心要也

英〇 文〇

語〇

出	糍以米搗之如粉曰丨
喜	〇
雞部上入聲	
柳	〇
邊	八數也文曰八股年有丨節 捌仝上
求	莢凡豆皆有丨又草實也 袷夾同俗謂衣衫皆單一重者也有重之者曰丨裘中夾有棉曰棉裘
	裌衣無絮也
去	〇
地	〇
坡	〇
他	〇
增	莭四時八丨又丨候丨氣
入	〇
時	〇
英	〇
文	〇

語	〇
出	〇
喜	〇
雞部下平聲	
柳	黎姓也 犁丨田丨頭丨壁 犂同上丨耙田具也
邊	〇
求	蛙俗丨字魚丨蝦丨此字正娃字音
去	〇
地	題標也丨標丨式丨目丨名 蹄獸類之腳下有丨 蹏獸屬之甲曰丨仝上
坡	〇
他	〇
增	齊整也丨整即丨備也不長短曰丨
入	〇
時	〇
英	鞋履也草丨芒丨綉丨鞵同

文○

語倪 姓也

出○

喜還 物歸原主也

雞部下上聲

柳戾 暴丨性情不美也 ⿰魚戾 魚名暹中班魚曰丨

邊○

求○ 去○

地佃 耕田需租者曰丨田丨厝丨 第 宅丨次丨但也順也第也 苐 複姓氏不丨

坡○ 他○

增○ 入○

時○

英會 會也能也曰丨

文袂 不會不能曰丨

語○ 出○

喜蟹 無腸公子曰丨有甲八足橫行 蠏 仝上赤丨田丨毛丨水丨

雞部下去聲

柳籬 籓丨也

邊○

求易 不難之事曰丨容丨最丨

去○

地殿 玉丨金丨王丨宮丨 有 五穀之實曰丨不實者曰丨 靛 青丨藍丨以之染布

坡辦 買丨任事曰丨事 莠 禾之賊也原音友用其義也

他○

增多 潮俗謂|曰|如物多事|

入○ 時○

英○

文賣 以物易錢曰|買|

語藝 樹|六|種也 藝 才能也才|道|工|文|事|又樹|

出○

喜莧 菜名|菜有赤青白|之別

雞部下入聲

柳笠 蓋子首之上者曰|竹|葵|藤| 箬 同上

邊扱 引之使長曰|幫|

求挾 以兩板夾物於其中月| 夾 同上左右持也

去持 潮俗謂揶其物曰|拾也持也皆曰|

地○ 坡○

他○

增截 止也住也判也切也

入○ 時○

英狹 不寬曰|闊|險|屋小曰| 隘 陋也急也陝也

文○ 語○

出○ 喜○

6 公部上平聲

柳鈴 含|搖之則響也馬有|

邊○

求公 祖|即父之父也又物之為衆者曰|公共公司 攻 |城|戰|玉相| 功 |勛|名|德|勞

工 |書|夫至精者曰| 蚣 蟲類蚣| 玒 玉| 釭 車轂中鐵也燈曰銀|

疘 脫｜下部病也 肛 大腸口曰｜門 魟 似蝦可食

去 空 天曰青｜又無曰｜又樽｜酒｜虛｜ 倥 ｜侗言人之無知曰｜ 悾 ｜｜無所有也

⿰巾空 衣袂也 ⿱艹空 草名也 箜 ｜篌樂器也 硿 石名可治目疾

涳 ｜濛小雨 腔 羊脂也 埪 龕也 ⿰虫空 蟬退也

⿰衤空 衣袂也 ⿰糸空 絲也

地 中 不偏之謂｜又正也 忠 盡己之心曰｜又｜臣 涷 驟雨也

倲 愚貌醜貌 ⿰豸冬 獸有角似豹 苳 草名也 笗 竹名也

⿰石冬 石墜聲 ⿱雨冬 ｜｜雨聲

坡 〇

他 通 無所阻止曰｜又明白曰｜又開｜流｜｜達 蓪 草名也 ⿱竹通 竹名也

增 宗 ｜廟｜祠同姓曰同｜又物之歸類者曰｜ 蹤 ｜跡尋｜又蹤同 琮 瑞玉也

終 ｜止盡也歸｜完也 倧 上古神人 螽 ｜嘶蟲類也 豵 一歲之豕

摐 撞也 鏦 矛屬 傯 困貌 懵 同蒙無知也 吽 梵咒 賨 南蠻賦也

悰 樂也 淙 ｜｜水聲也 潨 小水入大水也

入 〇

時 嵩 山之最高也中嶽名 鬆 髮亂也蓬｜ 聳 ｜然高也

英 翁 老者之稱漁｜笠｜ 妐 稱夫之父曰｜阿｜

文 瞢 目不明也

語 〇

出 充 ｜實｜足｜滿｜本 沖 水深動也又｜齡 衝 路之四達者曰｜ 聰 聽思｜又｜明｜惠

忡 怔｜懼也又憂也 衷 內衣折｜又｜情｜懷 ⿰忄充 心動也 憧 意不定也

珫 珥玉也 驄 馬青白色 狆 上飛也 璁 石似玉也 騣 馬冠也

總 縫也 ⿸广悤 屋階中會也 㚇 飛馬斂足也 葼 木梢又木之小者

⿰王蔥 玉佩也 鬉 髮亂也

喜豐充盛曰丨又卦名豊同上又丨年丨儉封分諸侯以疆土曰丨丨
豐彩也滿也丨姿仹仙人名也峯山丨高丨又峰仝⿰亻風地名也
蘴無青苗也灃水名也酆丨都丨鎬地名鋒芒刄曰先丨劍丨
烽丨火又馳逐也⿰女夆容好也葑蔓菁也轟車聲也
靊丨隆雷師也妦丨容貌好也崶魚化龍處山名
犎野牛也湗深泥也篈竹名

公部上上聲

柳壟丨斷又丘丨塚也廊暹中棧房曰丨宰其職者曰丨主
邊〇
求⿱⺮𢀜以竹之節用以取水曰丨竹丨
去孔姓也又中空曰丨破中有丨
地〇

坡抔兩掌合而取物曰丨
他統總領一事曰丨宣丨丨領丨宰寵榮幸曰丨光丨得丨有丨丨辱冢墓封曰丨古丨青丨
塚同上埔丨
增總統而聚之曰丨又丨兵丨理又総仝憁倥丨事多也又失志也摠同搃
傯困貌煄火燒起貌
入冗事多曰丨繁丨丨雜
時悚驚懼曰丨丨聳瞞丨出丨又丨拔嵸高峻曰丨竦敬也
慫丨恿勸也
英盎面變色也又瓦器坱塵埃也塕塵起也
文某諱人之名曰丨丨人丨姓丨事
語〇
出〇
喜俸丨祿官之食用也蚌介屬老丨生珠汞丹化為水銀鍊丨

唪｜｜大笑也　菶多實也　諷託言感人也｜詠｜諫　鞛佩削下飾

公部上去聲

柳○　邊○

求貢進｜納｜｜生五｜　贛同上

去控引也｜｜告上｜　倥｜傯困也

地棟｜樑大材也　涷寒｜冷｜　蝀螮｜虹也　瘌惡氣所傷曰｜

坡朋正音

他痛正音

增縱｜橫又疑詞　從疾也　傯倥｜言事之多也　偬同上又傯仝

入○

時宋姓也又國號大｜

文貿物易物曰以｜易

英盎瓦盆也

語○　出○

喜鬩鄒與魯｜門也

公部上入聲

柳六正音

邊蝠蝙蝠晝隱夜出

求國萬｜邦｜｜家｜君　幗巾｜女人之飾也　蟈螻蟻也　穀百｜糧食也又山｜空｜

穀穀之總名　穀同上穀也　鵒鸜｜鳥而能言　咯｜｜鷄聲　馘斬首也

去告｜者｜也又忠｜　酷過慮曰｜｜烈｜吏　梏械手之刑曰｜具也　鵠鴻｜鳥也俗名天鵞

柝定更之具也擊｜　嚳急告也又帝｜　焅熱氣也　皬白鳥也

鄗｜鼎國之鼎也

地篤誠厚曰｜敦｜敬｜　督総｜都｜責也察也　斵斤以斫之曰｜雕｜　築作也構也拾也

築竹樂器 裻新衣也

坡 蔔|以決疑蔔筮|吉|塟 樸蔔實厚| 樸純|質||實

璞未治之玉曰|玉 僕伏地|也 撲擊也 拍博也

他 畜六|即牛馬之類 蓄積|儲|私| 傗佩|不伸也 伐憂也

嘼與畜同 籜筍苞也解| 滀|聚也 蘀草木皮解曰|

侐清淨寂也 槒積| 臬木葉落曰|

增 足下肢之総名又充| 祝告神曰|禱| 哫以言求媚

竺天|西天國也 鬻粥也 囑|咐以言吩咐曰|

入 肉正音

時 束|裝|修又|縛也 速迅|即| 觫觳|俱死也 餗鼎食也

婌|人又女官|女 淑師人之善曰||人君子 夙早曰||夜|興

㑛同上 寂|寞靜也 宋同上|寥 佩不伸也

索繩也求也蕭| 倲獨|頭動也 俶善也始也 菽豆之総名

縮斂|退|地 蹜足迫也 肅恭也敬也靜也 潚深清也

簌||茂窖也 漱|口以水盪口也 謖起也 蓿苜|牛馬草也

蔌菜名也 㩋摸| 鷫|鸘神鳥也

英 屋宮室之総名|宇也 握捲手曰|把| 偓同上又|促 沃以水灌漑也

渥水厚清也 幄帷幕也 飫饜|食多也飽也 齬|齪緊迫也 鋈白金也

文〇 語〇

出 丵業生草也 亍少步右步也 促催|近也短也急也 捉擒物在手曰||髮

觸物與物遇曰|相| 矗高起也直也 擉捕||魚也 鐲手|即手|環也又釧

𢥞心不安也 戳蓋印曰蓋|搶|也 蹵鞠也又與蹴仝 踿急迫也

蹙太急也又蹴仝 躅躑|以足擊地也 躅又芳|善言也 蹴足不行也

蹴躡也 歜盛氣怒也 蓳羊蹄菜 齪齷|急迫也 顣|額相告

喜 福 祐也祥也 覆 重也再也 輻 |湊 複 重衣褚也

公部下平聲

柳 農 務於稼|穡者曰 儂 自稱之謂也 濃 |淡|厚 膿 疾也血化而為|

醲 厚酒也 穠 禾稠窩也 瀧 沾清也又水名 朧 朦|不分明也

襱 袴也 瓏 禱旱玉|也又玲|通明也 嚨 喉|也 蘢 蔽覆貌

隆 豐盛貌 癃 老病也 鼕 鼓聲 噥 言不明也 矇 怒目也

憹 憂悶也 鬞 髮亂也

邊 〇

求 玌 刈也

去 〇 地 〇

坡 蓬 |蒿草也又飛| 篷 同上織竹為| 縫 |衣彌| 鵬 鵰|大鳥也|程

芃 草盛也 鼟 鼓聲也 鬔 |鬆髮亂也 樥 草木盛也

他 童 蒙|小子也|子 僮 家|書|琴|僕也 侗 倥|無知之人也 偅 遺失貌又不遇也

桐 梧|有六種 潼 |關地名又水名 罿 捕鳥網也 曈 日欲明貌

筩 斷竹為| 鮦 魚名 彤 赤舟也 艟 小船曰艨| 幢 幡旗屬

犝 小牛無角者 瞳 目子|子也 絧 布名又相通貌 衕 衕|街道巷也

氃 毛散貌 䍶 小羊未有角者 恫 痛也呻吟也 峒 崆|山名 㠉 山名

㣚 徿|直行貌 燑 熱氣也 憧 意不定也

增 嵏 九|山名 鼨 鼠豹紋也 䨙 久陰小雨 稯 禾束也

入 戎 |狄羌|衣 絨 布之有毛者曰| 茸 鹿初發之角曰| 佴 眾也

㑲 人身有三角 狨 獸名毛可作布 茙 厚貌又姓也 毧 毛細有可作布

時 松 |柏蒼|古| 淞 |江水名 倯 隴右之名 菘 菜名

崧 山高也 蜙 蟲以腹鳴也

英 〇

文 蒙 ｜童未明童子也 濛 鴻｜又小雨也 朦 ｜朧不明也又大也豐也
矇 目不明也 懞 惛｜無知也 㩚 收斂也 幪 覆也巾也
饛 食器滿也 謀 知｜遠｜能料事也 鸏 鷁｜水鳥也 牟 大麥也又也牛鳴也取
侔 等也均也不相｜ 眸 目中童子也雙｜ 䏬 脊也 𧬂 言不明也
艨 ｜艟小船也 麰 ｜麥大麥也 語○
出 從 婦人有三從｜父｜夫｜子 從 同上｜命｜師｜軍 瑽 ｜瑢佩玉行也
崇 高大也 重 再也伏也又也 嵸 山峰也 漴 水名 潨 水大也
蓯 ｜蓉藥名 瞛 電光也 㣭 往來不少定也
喜 宏 廣大也 逢 相｜遇也遭也 洪 ｜荒大也又｜水
弘 弓聲也容大也 烘 以火焙物也 虹 ｜霓雌曰霓雄曰｜
洚 水漫行之狀也 鴻 鳥也又大也｜圖｜鵠 耾 耳語也
閎 巷門也 訌 內｜內亂也又敗也 泓 水聲也

公部下上聲
柳 弄 撥｜戲｜
邊○ 求○
去○
地 重 壓力也 動 搖｜蠢｜風｜ 嗵 多言也 仲 伯｜益季 丼 下石於井聲也
坡○ 他○
增○ 入○
時 訟 詞｜告爭｜ 頌 ｜功｜德稱述曰｜ 誦 歌｜｜書｜詩
英 唪 口頭俗語
文 茂 ｜盛｜發暢｜ 懋 懋仝美盛也 楙 木茂盛也 霿 天氣下降曰｜
語○ 出○
喜 奉 ｜命｜祀 鳳 ｜凰鳥之王也 賵 以車馬助喪家曰｜

公部下去聲

柳〇

邊磅洋式秤也每磅十也兩即司馬秤七五二

求嗔邏人用符咒曰｜

去〇　地〇

坡〇　他〇

增〇　入〇

時〇　英〇

文〇

語戇愚也戇也　㦭俗同上　顒大頭也仰也　喁噞｜

出〇

喜轟雷聲也　輷車聲也　哄衆聲也

公部下入聲

柳絡經｜包｜物｜　籙筍｜　碌｜｜無能也　淥｜水名

貉狐｜皮可為衣乳｜　廘庚也倉也　祿俸｜福｜官｜　戮殺｜誅｜

戮｜力並力也　酪乳汁製為乳｜茶曰｜奴　籙｜以告神　狢狐｜也

蓼｜莪　僇辱也　逯走｜裳謹也也　漉滲去水也又竭也

烙炮｜也　胳腋下也　錄謄｜記也取也　雒地名馬名又駱同

簏竹箱也　麓山｜也又坡也　騄良馬也　犖卓｜超絕也

邊僕奴｜婢｜｜馬　濮｜陽地名又樸同　僕同僕　襆｜豆又樸同

洛｜陽　蔔蘿｜大頭菜也

求咯邏之旺地曰網｜

去〇

地逐驅｜斥｜日｜放｜　獨孤｜自也單也　讟怨｜謗也　瀆江淮河漢四｜

瀆村丨擾丨 犢牛子也老牛牴丨 匵匵也 度忖丨察事也 牘案丨簡丨

櫝盒也買丨還珠 覿私視也 ⿰忄度忖丨催思也

坡○

他讀正音

增族九丨三丨又同派曰一丨 嗾使大聲丨丨 鏃箭頭曰丨利也 簇丨丨言物之湊生也

入辱受侮於人曰丨取丨 蓐茵丨也又丨收 褥丨被丨 傉農人聲 耨耕丨鋤也

時屬轄下之地曰丨又連丨 續斷而接之曰丨繼也 贖以物質人取回曰丨 俗風丨世丨土丨

屬如九巴皆潮之丨 孎謹也順也 孰誰也何也 塾家學曰丨 矚重視也

英○

文睦和丨親丨順也信也 莫勿也不也無也 寞寂丨靜也又嘆同

苜丨蓿草名 牧丨羊丨牛丨伯丨畜 沐丨浴櫛丨 穆昭丨和也

鏌丨鋣劍名 繆姓也

語○ 出○

喜或不定之詞 域疆丨異丨 蜮以氣射人含丨沙射人曰鬼

棫木名其實可啖 惑不能了然曰疑丨 復荅丨回丨又重也再也

服衣丨又心丨遵其教也 伏俯丨降丨潛丨 袱衣之包皮曰丨 覆反丨載丨壓丨

閾門限曰丨 茯苓藥丨名 垘土壅曰丨 斛鬥丨按鬥方丨員也

蔛石丨菂名

7 姑部上平聲

柳○

邊埔丨隴山丨墳丨義塚丨 埠丨市丨頭商場也

求姑父之姊妹曰丨母又三丨 枯草木無丨生氣曰 沽丨酒丨油

孤丨獨丨身丨子 菰草丨香丨生丨毛丨朽則 詁誦語訓也

觚飲器一丨三升 鴣鷓丨鳥名也

去　篐 鉄｜竹｜桶｜　粎 茶｜豆｜仁也｜草｜田科

地　都 ｜城京｜帝居也｜邑

坡　鋪 平｜牀｜陳也布也

他　〇

增　租 收｜田｜地｜｜邑　鄒 ｜魯地名又姓　鄹 孔子之鄉名

入　〇

時　蘇 死而復生曰｜又地名江｜｜州　甦 同上　穌 舒暢也　酥 酴｜酒也又浮｜

[illegible] 廧｜草菴也

英　烏 黑色曰｜又色之死者

文　〇　語　〇

出　麤 不幼曰｜精｜　粗 同上　犕 物不精也

喜　以事與人勾搭得緊曰｜

姑部上上聲

柳　櫓 船尾之槳曰｜又艣同｜船　鹵 鹹塗也鹹｜塩化水曰｜

惡 俗如人之不愛者曰｜用其義也

邊　補 ｜其不足破｜稗｜　斧 ｜斤刀破｜　脯 乾者曰｜如肉｜魚｜鹿｜

求　古 已往之時代曰｜上｜求｜稽｜　估 以物論價曰賠｜值｜價｜　盬 器皿之物也如茶｜酒｜

苟 草卒曰｜｜且｜安｜完　鼓 革也羅｜簫｜樂具也　皷 同上　笱 捕魚具也

股 分｜充｜集｜折｜退｜　瞽 目不能視物曰｜盲也　罟 網也

去　許 姓也　苦 膽之味也甘｜｜況｜境

地　肚 身之腹曰｜中部也　賭 博錢較勝負也｜錢今有｜鍮

坡　浦 大水有小水別通者曰｜南｜合　普 無所偏曰｜｜通有｜天｜救｜　甫 男子之美稱也台｜

譜 籍錄也又世係也族｜家｜　剖 ｜腹也開也　圃 園｜也　溥 廣大也

匍 ｜匐手足並行也

他 土 地丨風丨丨產丨俗 凸 物之突起者曰丨丨凹

增 祖 丨考高丨曾丨公丨丨述

入 〇

時 叟 老者也鈎丨叜同 廋 求也索也 傁 尊者之稱 瘦 有病之容

溲 丨便溺也 瞍 目無眸也 藪 大澤也淵丨利丨

籔 十六門曰丨 膄 柔也弱

英 〇

文 牡 雄畜曰丨牝丨又丨丹 畒 田丨隴丨畝丨 畆 方裡為井井九百丨仝上丨

妐 俗謂女子曰姐又夫謂其妻曰丨

語 午 日中之時曰丨又支辰之一 迕 同上又遇也丨遇 偶 匹也又丨然忽馬曰丨

伍 隊丨營丨又姓 腢 肩頭也 鯃 魚名似鱸 仵 偶也敵也

牾 與忤同 吘 和也 耦 兩人同耕曰丨又匹也配也 藕 同上蓮根也蓮丨

出 〇

喜 虎 獸中之王也 琥 丨珀松香墜地中年久結成丨珀 否 非也不足也

姑部上去聲

柳 露 出現曰丨顯而不可掩蔽之義

邊 布 凡為衣衫之物曰丨棉丨苧丨葛丨夏丨 佈 偏也如俗丨田丨廣蔽也 傅 姓也

求 雇 傭工曰丨丨工 僱 債人作工曰丨 冓 交積財也 購 買物曰丨

構 蓋造屋宇曰丨 搆 牽也丨訟連也 覯 遇也見也 觳 取牛羊乳曰丨

顧 回視也四丨又姓 彀 持滿而發之義 穀 乳也 遘 後丨不期而遇也

妒 疾丨婦人之病也 姤 同上又卦名天風丨 疕 乳癰也 垢 塵丨蒙汙曰丨

妬 又與妒姤仝婦疾夫也 媾 交丨陰陽二氣相感也 詬 恥也辱也惡言加人也

逅 邂丨相遇也 蠹 蛙蟲也又蠧同 雊 雌雄鳴也

去 庫 儲蓄之帛之所也府丨財丨財倉也廩也 褲 下衣也又袴綺也

冦｜仇賊｜又暴也又葯名 蔻豆｜藥名 袴同褲下衣也

地 閗戲｜械｜兩雄必｜ 閅不相讓曰｜ 鬭同上｜鷄｜鵪鶉

竇地隨也穴也又姓

坡 舖街布商場之室大者曰行小者曰｜

他 兔獸類望月則孕 吐嘔｜氣逆則｜又揚眉｜氣

增〇 入〇

時 瘦病容曰｜又瘦同容貌弱也

英〇 文〇

語〇

出 醋酒變味而為｜米｜ 凑｜集合也 腠｜理皮膚之間也

喜 戽｜門撥水器也

姑部上入聲 音空不錄

姑部下平聲

柳 廬盛火器也又姓 爐｜冶火｜風｜香｜同｜ 爐俗寫同上 鱸魚名巨口細鱗

鑪容五金之器 鑪同上｜冶化金器也 蘆｜荻草也 獹韓｜大之別名

奴｜婢｜才僕妾之流也 伮戮力也 孥妻｜又伖仝又帑仝

邊 口用酒母之物曰起｜酒｜豆｜

求 黏煮米米作｜又粘｜ 糊俗以紙｜窗曰｜

去〇

地 畾都｜書｜ 圖地｜形｜繪｜ 廚｜房供膳之所

屠牛｜豬｜宰殺之所

坡〇

他 塗水中之土也泥｜又汙也

增〇 入〇

時〇

英湖五|國蓄水之處也範蠡泛|江| 葫竹|家用器也 胡姓也

文〇

語吳大言也又姓東|地名 吴同上 蜈|蚣百足蟲也

出愁心中憂悶曰|不樂也

喜侯諸|五|王|公| 矦同上 鬍多鬚曰| 篌箜|樂器也

餱|糧幹料行軍用也 餱|糧幹飯也 堠斤|望烽火也 ⿰貝侯瞜|貪財也

鍭金鏃也

姑部下上聲

柳陋孤|醜|巷|室

邊部六卿之署也古六|今十|又繼也統其衆也

求靠倚仗之人曰|以為泰山也 垢塵滓也面|衣|囚首|面

去〇

地杜秘窖無使漏涉曰為又姓也 豆俎|祭品也

坡簿數|籍也 部同上總也籍也統也

他〇

增驟突然而來突然而去曰| 漯小流急也

入〇 時〇

英〇 文〇

語五數之半也|曰土 伍同上又姓也

出〇

喜雨地氣升而為雲降而為|甘| 後帝之配曰|皇|天||土 戶門|牖|糧|

郚邑名也 逌邂|相逢也 苄地黃也有三名曰天黃人黃義地黃名三而種一也趨下之

姑部下去聲

柳 路（道｜途｜） 露（甘｜夜氣所施也）

邊 步（行｜天｜蓮｜） ⿰王步（｜瑤玉之聲也）

求〇 去〇

地 度（量｜法制也） 渡（｜海｜河以船為｜也） 鍍（｜金飾器也）

坡〇

他 口（俗食物用水送之曰｜）

增〇 入〇

時〇

英 芋（蓀類有紅白之別又名蹲鴟）

文 戊（天幹之陽土也中央戊巳土）

語 誤（失言曰｜） 悞（不稱意曰｜）

出〇 喜〇

姑部下入聲 音空不錄

8 兼部上平聲

柳 粘（｜單｜呈附之之意也） 黏（同上俗搭綴曰｜附也） 拈（以指取物曰｜）

邊〇

求 兼（以一人任兩事曰｜｜理也） 縑（絲繒也） 蒹（｜葭蒼蒼）

去 謙（不自滿曰｜讓｜細） 慊（厭也足也謂誠意自足曰｜）

地 玷（玉有疵也） 砧（擣石也鉄刀｜｜） 碪（同上又播繒也） 沾（｜恩｜光｜雨露）

⿰耳占（耳小重貌） 霑（濕濡漬也沾同） 覘（視也窺也） 痁（瘧疾也）

坡〇

他 添（物以物加也之曰｜加） 呫（嘗也）

增 占（視兆而知吉凶曰｜｜卦占夢） 瞻（｜光｜仰山門望也）

詹（姓也） 尖（利也鋒也） 幨（棹幃也） 襜（衣｜又衣如也）

趈 坐立不安也 閚 立待也 詀 多言也

入〇

時 參 草類之至貴者曰洋|人|高麗| 纖 ||言其柔嫩也|細|巧|指 孅 同上

森 ||森木茂也

英 淹 水|物曰| 厭 飽也足也又不休也 鵪 |鶉鳥也善聞者

閹 守門之官也|宦 醃 |肉|魚 醃 同上|菜 崦 山名

殗 殁也 偣 淨也

文〇 語〇

出 簽 |以之為號也 僉 皆也盛也|名|事 籤 |同以占事抽|

殲 |滅又微也盡也

喜 辣 味辛曰|又薑桂之性也

兼部上上聲

柳 歛 聚而藏之曰| 瀲 小滿貌 斂 聚也藏也

邊〇

求 撿 |點|防 檢 同上又|討 減 加|少也

去 歉 抱|不足也 慊 切齒恨也意不滿也 [illegible] 意不安也

地 點 性慧曰|又指| 點 同上圈|交| 耆 老人面上黑子也

坡〇

他 謟 好順人意曰|媚也 忝 愧不敢當也曰|又辱 忝 同上

增〇

入 染 點||布|指 冉 行也進也尋也又姓 冄 同上又毛||

髯 |翁多鬚也湏在頰曰| 苒 荏|展轉也

時 閃 偏側曰|又|電 陝 地偏僻不足曰|又|西地名 剡 紙曰|藤

英 掩 藏也蔽也遮也 偃 |息|臥|蹇 鰋 魚名 俺 大也又媕女婢

蝘丨蜓守宮也 堰壅水也 鶠鳥名 垵以土覆物也 奄覆也蓋也弇也

淹潤也 黶黑子也

文〇

語 讝丨然又病人自言曰丨語 儼莊嚴之貌丨然丨若

玁丨狁匈奴別號

出〇

喜 險危也丨絕丨阻 礆同上 獫丨狁獸名

兼部上去聲

柳 括俗謂婦人惡行者私以指攝人之膚曰丨

邊〇

求 劍兩面有鋒之刀曰丨寶丨求丨

去 欠負人之財物曰丨欠錢欠債

地 店行人寄宿之所曰丨野丨草丨容丨

坡〇 他〇

增 佔侵人之權限曰丨踞丨丨地 𢓭同上

入〇

時 贍饒富曰丨曲丨丨足丨家 滲漏也洩也

英 厭足也飽也又猒同 饜食飽曰丨丨飫

文〇 語〇

出 僭越分曰丨又自大其名曰丨

喜〇

卷一終

潮聲十五音卷二

兼基堅京

官皆恭君

兼部上入聲

柳 聶附耳私小語也又姓 攝總持其事曰丨政丨理丨位 揑重然曰丨指丨強丨	躡登也蹈也 鑷丨子以鉗物也 涅嶽武穆背丨盡忠報國又染皂物 㚔無人也	囁丨嚅口將言而難去也 疌迅速	邊〇	求 刼數也遭也被丨逃丨 刼協奪曰丨浩 㑘強取也丨搶丨賊	頰面旁曰丨兩丨批丨 峽兩山過脈之處曰丨 篋行丨竹箱也負丨	愜心快曰丨丨心丨當 鋏劍也馮驩彈丨	去 俗謂物不好曰丨歹也又人之性情很曰丨 地〇	坡〇	他 帖簡丨請人用丨柬丨 貼加補曰丨補丨賠丨 呫丨囁耳語也 跕無跟履也	增 接物與物續曰丨丨木丨物相丨 輒衣衿也 入〇

時 爕和也又火熱也 澀不滑也滯也 澁同上又濇仝 嗇儉丨吝也	倏丨來丨往丨時丨忽猶言其甚速也	英 壓丨力有以力丨有以勢丨有以重加重而丨 厭服也順從也	文〇 語〇	出 妾小妻曰丨婦人自稱亦曰丨 霎丨時一瞬之間也極言其甚速貌	喜 血正音	兼部下平聲	柳 廉不貪曰丨清丨潔孝丨 簾垂簾竹丨珠丨又幨仝戶外帳也	匳盛香粉之具曰丨 匲女子行嫁妝丨又同上 鐮月眉刀也彎丨	鎌同上刀形如新月草丨 賺賣也市物失實 簾青丨酒家旗也	邊〇	求 鹹鹽味也丨淡丨菜

去鍼佩胸之飾也玉丨 緘封也丨書丨口三丨 篐鎖項也 鉗劫束 鈐鋤也
地甜甘也糖味也
坡〇
他恬靜也安也 湉光緒皇帝諱 謄丨錄代書也 銛利也
增〇 入〇
時簷屋漏之滴水曰簷 簷所以承溜者曰丨又避雨 蟾丨蜍月裏之精光也玉丨金丨
英鹽海水曬之而為丨埕 塩同上北方有樹丨又丨井
文〇
語嚴威重曰丨丨父丨君 巖同上又丨師 孍端也莊也靜也
出潛丨匿深丨丨龍鱗丨 濳同上藏也
喜嫌有不相如則曰丨微丨相丨丨隙
兼部下上聲

柳念心不能忘曰丨 殮收丨人死則入丨 撚指丨捏也
邊〇 求〇
去儉節用曰丨恭丨勤丨 芡似蓮而小曰丨實
地笘所以儲五穀豆丨也米丨穀丨 簟竹席也枕丨 苫白茅也又凶服
坫邦君反爵之丨 奠神前祭酒曰丨定也
坡〇 他〇
增漸浸潤之曰丨 暫不久之意曰丨 蹔同上又積丨
英焰火氣上升之形曰丨 燄同上又火光貌 焱火盛也 剡銳利也
文〇 語〇
出〇 喜〇
兼部下去聲
柳唸口裏私語曰丨又丨呪丨經

邊〇　求〇

去〇

地⿱宀靜 俗謂寂靜曰｜

坡〇　他〇

增〇　入〇

時暹 西方有暹羅國名也

英炎 火光貌又熱也 艷 物色嬌麗曰妖｜ 豔 同上 琰 玉色之美者

扊 ｜扅門關也 灩 瀲｜小滿也

語驗 應｜試｜證｜效｜ 鹼 鹽和水也又澣衣物也

文〇

出⿰足詹 馬急行也

喜〇

兼部下入聲

柳粒 穀類皆曰｜粟｜米｜ ⿰食立 同上｜食百穀之類

邊趄 日行如｜走也

求唊 妄語也

去〇

地堞 城｜ 蝶 蝴｜ 弽 弓也 惵 懼也 偞 卑也美也

蹀 履也又行不穩也 枼 ｜｜多言也又啑同 跕 墜落也

牒 帝譜玉｜ 諜 反間伺也

坡〇

他疊 層疊曰｜重複也

增洽 洽濡也合也 捷 急報也｜讚言也 倢 同上利也 睫 目旁毛也

婕 美好也 䀹 目旁毛也睫同 箑 扇也 ⿰言疌 多言也 緁 縫也緝也

浹 潤澤周徧也 祫 合祭也	入○	時 泄 漏也緩也又多人貌 紲 繫也又馬韁也 絏 繫也又縲也丨囚罪人 洩 漏也泄同 涉 行水也又交丨又無丨幹丨	英 葉 姓也 蛺 丨蝶飛蟲也	文○	語 業 事丨物丨產丨基丨 鄴 地名又姓又書架曰丨架	出○	喜 葉 和丨調丨音韻丨 協 丨力丨功又協同 脅 兩丨腋也又脇同 俠 丨客劍丨豪丨 挾 丨負丨太山 㡇 束帶也 陜 不廣也隘也 夾 左右持也丨輔又兼也	9 基部上平聲	柳○	邊 碑 勒丨石丨丨記 萆 蔽也又雨衣也 陂 丨溝水路也又阪地也 庳 屋丨又有丨地名 鼙 丨鼓小鼓也 稗 荑丨草有實似穀	求 基 地丨開丨丨址 竹 參差也 乩 蔔以決疑也 枝 丨葉分丨丨幹 岐 丨山地名 機 丨杼織布之具也 機 丨會化丨天丨丨器 畿 丨甸邦丨 幾 丨多蔔回丨分

歧|址|路 飢|餓|餒|饑 譏|戒也|誚也 笄簪也冠| 璣玉衡禹祭天|文之器又璿 機精也詳也近也 稽|古|查也滑|又考 姬後妃以下有|又姓

妍同姬 朞同上周年曰| 笄婦人首飾又笄同 期|月|年會也限也 肌|膚|肉又骪仝 嘰|唏小食也 梔山|藥名 箕星名又竹器

跂|指|足多指也 饑年|穀不熟也飢同 禨福也 覬窺也視也 磯石|地名 萁豆|草|也 稽|考也 骪|骨也

去欺行詐於人曰|騙也 僛酣舞貌又側也 欹不正曰|斜也又|器 𨇞器名 崎|嶇不平也 諆欺也謾言也 蹊山|間|曰|逕道也

地知|府|縣官名 蜘|蛛能吐絲結網 𠈎行也 低高|高上|下也 坻水中高地也

坡披開也|衣|星|地

他俗謂物之黏曰| 天|地也輕清之氣上浮為天

增脂膏|胭||粉 敊婦人面飾也 忮大勇不| 芰|荷蓮也 支分|地| 肢四肢人之四體也

氊以毛織成布曰| 氈同上又洋|毛| 𡲰女子陰也 屄以形取義女子陰也

入〇

時司主|有|省城有三司 施富|樂|行又姓 詩唐時善||賦|詞 屍人死其身曰| 屍同上死人身也 絲蟲|蠶|蜘蛛| 筮|龜以決疑也|草

蓍草名蔔家所用 嗁驅雞聲 𤬪瓜名|瓜 撕持|孩提也

英 衣以丨蔽體曰丨丨服 依相丨丨人 於語於人也又丨於同 月婦也 漪丨丨流水也 伊發聲之辭也 猗歎聲也

唹笑貌 噫丨嘻歎辭

文 倉目合而密曰丨

語 〇

出 鮮幾有色之物曰新丨 鱻同上魚初上網曰丨 妻男子謂其匹曰丨丨者齊也 萋草丨丨謂其茂盛也 悽悲也 嗤笑丨 媸醜也淫也 棲丨址丨身又枝丨

棲同上止息也 癡不慧曰丨嬌丨又癡同 鴟丨鴞俗謂貓頭鳥也 凄丨楚丨涼丨風 蚩妍丨妍美也丨醜也 霋霽也又雲行貌 笞刑具捶擊也 羝丨羊也 眵目汁凝也

喜 禧祺也福也 希冀望也又罕也求也 稀不多見之丨事埋也古 頤面頰也朵丨 欷歔丨歎辭也 熙光明盛大曰丨又熈仝 俙依丨猶彷彿也

嬉丨戲笑而無常也 頣同頤養期丨 熹熱也蒸也 醢丨醬肉醬也 羲丨皇伏丨 犧丨牲祭宗廟者 嘻丨丨和樂聲

嚱鳴丨歎辭 絺細葛布也 瓻酒器瓶類 醯丨雞丨醋也 僖樂也 郗姓也

基部上上聲

柳 裡鄰丨鄉丨梓丨 理事丨物丨道丨 李桃丨行丨又姓 履丨歷冠丨納丨進丨 裡表丨包丨丨足 裏同上 娌妯丨兄弟之妻 履丨足飾也又卦名

鯉魚名 蠡蟲齧木中又蚌屬與海螺通又彝同以丨測 醴丨酒即白酒也 彌丨縫徧也終也益也遠也長也久弛弓也 禰文廟也又姓

邊比 丨較丨隣朋也侶也 彼 丨比稱對面之人也 仳 離別之意曰丨離 佊 丨邪也 妣 考丨考者母也父也丨者 匕 丨首短劍也 秕 不成之粟子也

求己 吾身之自曰己 紀 宗理曰丨丨網年丨 几 牀屬 杞 丨柳枸丨 屺 瞻望母曰陟丨 稽 丨首丨顙再拜也 屨 履也草履織丨

莒 草名又邑名丨艾

去啟 通塞導開曰丨丨閉丨蒙丨智 起 從茲而始者曰丨丨初丨興升也騰也 齒 牙丨唇丨 遆 走也 呇 明星也 偯 開衣領也 綮 戰衣也 棨 丨門丨關

地氏 星名也又到丨氏止 抵 找押也丨除丨敵 砥 丨磨石也曰丨礪也 邸 客丨旅丨 坻 水中高地也 牴 觸也又略也大丨 柢 根也深固也

坡丕 大也奉也 伾 有力也衆也 坯 山再成也 否 不通曰丨又臧丨塞 俖 不可也 嚭 大也與丕同 鄙 陋也又郊外曰丨 啚 嗇也或作啚非

桮 木飲器也 痞 肉結病也 䓏 草木茂盛也

他體 正音身丨四丨物丨 体 俗字同上

增止 停丨起丨行丨 祉 福丨祥瑞也 址 基丨界丨住丨 趾 足丨舉丨丨止 芷 白丨藥名 只 所餘不多曰丨此又起語辭 咫 丨尺言其甚近也 伿 惰也

枳 丨棘又荊蓁也 軹 車輪小穿又只同 朿 猶止也 紫 丨氣又青紅丨色也 砋 擣繒石也 紫 丨微又同丨色也 薺 丨菜即馬蹄菜 霽 雨晴曰丨

柹 丨餅丨霜 濟 水名四瀆之一又丨丨盛也 穧 刈禾把數也 旨 皇帝下命曰降丨 㫖 同上又甘丨所以養親也 指 手丨指點丨教 詣 進見曰丨造丨

秭 數也按一千百千萬億兆京丨垓壤溝澗正載 黹 針丨刺繡也 虀 丨濟也與諸味相濟也 稚 幼丨嫩丨之晚也穉也

入〇

時 始 起初之事理曰丨経丨終丨起丨 乱 仝上 弛 放也解也 豕 猪之總名 死 生丨人之終曰丨凡物之無生氣者曰丨 兕 亞洲犀曰丨 矢 弓丨箭也

葸 畏懼也 蓰 物數也倍丨

英 以 語辭又用也與也 目 同上 已 事之極也止也 椅 牀丨又木名 倚 依也仗也靠也恃也 苡 丨米實可食 圉 丨人馬夫也又國之邊界曰

偪 丨大也 俁 同上容貌大也 綺 丨羅 犄 丨角 迆 斜行也

文 靡 委丨丨恃披丨 縻 繫也音眉正音又散也

語 議 凡集衆共論也衆丨會丨 擬 揣度曰丨 [illegible] 盛也

出 恥 自慚曰丨廉丨羞丨 侈 自大曰丨奢丨 齒 年齡曰丨叙丨年丨 誃 離別也

喜 喜 不言而悦曰丨報丨歡丨

基部上去聲

柳 裂 手持布而裂之曰丨用其義也

邊 背 以背負物曰丨 臂 手丨手股俗曰丨 秘 不受於人曰丨丨傳丨授 庇 保丨廕丨也 轡 控馬者曰丨 泌 夾水也 疕 脚冷溼病 閟 隱而不發曰丨 賁 飾也又來也

求 記卒不遺忘曰｜｜性 痣身上黑子黑曰｜有紅 既事經以往曰｜ 塈取也 廐馬舍曰｜又廄同 繼步其從塵志曰｜事｜ 暨及也與也届也 罽魚網也

去 氣陰陽呼吸曰｜又｜運 器凡所用之物曰｜｜用 愾怒｜也 棄廢｜抛｜｜置勿也 弃同上凡心所勿者曰｜ 慨歎息之聲

地 帝君之大者曰｜皇｜ 智深謀遠慮曰｜智欲員 致推極也｜知格｜ 儆會物也 置措｜同置｜創 寘同上又舍而棄之也 緻補也縫也

坡 譬以彼方此曰｜喻｜事｜如 嬖心所鍾愛者曰｜｜人｜妾｜臣

他 禘王者大祭曰｜又夏祭也 締固結之好曰｜｜盟｜交｜結 替相代曰｜又廢也 僣｜侻狡猾也 剃薙髮曰｜頭 綈厚繒也 㾼痢疾也 諦審也

涕｜泣｜垂淚鼻｜淩 滯凡通人不流曰｜｜滋阻｜ 俤困劣也 翅鳥翼也又翄同 嚏噴鼻也又嚏仝 睇小視也 鬀剃頭也

增 志心之所欲曰｜｜氣 祭凡祀鬼神曰｜ 傺止也往也 漈水涯也 際届也恨也此｜言此時也 至界也抵也四｜所｜ 制成法曰｜作｜｜度 𢄍績麻為｜

製｜造｜作法｜ 贄｜見｜禮｜敬 鷙惡鳥善哺其類 濟經｜｜世｜急 劑質｜分｜ 躋登也升也 隮同上 觶酒器也

擠推也排也 掣曳也｜肘牽｜ 幟旂也幡也擇｜豎｜ 熾火盛也｜昌 誌銘｜碑｜ 質以物為｜周鄭交｜ 躓礙也 識記也 銡銘也

嚓正言也小語也 矢其直如｜ 箭弓｜忘歸也又進也 齎｜書又賫同

入〇

時 世｜情｜事在｜去｜ 四數也｜時｜季｜方 勢｜力恃｜倚｜ 視目之所｜觀｜ 眂同上視猶觀也 嗜味有同｜口所宜也 肆同四 噬啖也食也 貰代也賒也赦也

扇 羽｜葵鳥｜白｜

英 燕 鳥名有紫白｜ 意 心有所主者｜誠｜ 薏 ｜米 ⿰土壹 陰塵也 瘞 埋香｜玉 縊 經也絞也 亄 貪也 殪 死也絕也 噫 咽病也 謚 立號易名曰｜

文 〇

語 睨 似笑之貌 睨 窃視曰｜

出 試 赴試考｜｜用｜驗 弒 ｜君下殺上曰｜ 妻 以女｜之 莿 棘木有｜能傷人

喜 戲 玩弄曰｜嬉｜

基部上入聲

柳 蒂 果實之根也柿｜瓜｜ 蔕 同上瓜當也

邊 鱉 魚而有甲又有脚曰｜又團魚 鼈 同上曰脚魚

求 砌 堆｜又階也

去 缺 器皿不完全曰｜欠也

地 滴 水點上而下曰｜｜漏簷流曰｜

坡 俗謂人之覆地曰丨

他 鐵 五金之次者曰丨白丨生丨 銕 同上刀劍可作戰具曰丨

增 摺 奏章曰丨又如扇之丨寸楮之丨 接 迎丨承丨相丨交丨以手承物曰丨 折 準丨丨實丨成或三四丨或八九丨

入 摺 如衣服要仍裝之於箱大小當丨

時 薛 姓也 ⿺走立 走也

英 口 如荳要取其芽曰丨丨芽俗語

文 乜 丨者不知之謂也俗曰丨事丨物

語 〇

出 匿而人不知之曰丨

喜 〇

基部下平聲

柳 离 違而去之曰丨五丨 離 同上相丨分丨別丨 籬 竹丨園丨東丨 璃 琉丨似石而能通明 ⿰口离 言不止也 厘 十毫曰丨毫丨微也 鏊 丨金丨局抽丨

黎丨民丨庶丨明黑髮之民曰丨民天將曙時曰丨明 狸狐丨善黠而多疑 麗高丨國名又名藥也又離也目分視也 貍狐丨皮可作衣也 嚟佛經也 鸝黃丨鳥名

驪黑駿曰丨送別丨歌 黧陰丨晦也蒙霧也 罹遭也憂也 魑山中之神 瞝歷觀也 螭龍無角也 摛舒也布也發也 藜丨杖丨藿

犁丨牛 棃沐也又順風也 嫠婦無夫也 年一歲也四季十二月 尼女僧也又丨孔子曰仲 泥丨塗土濕而潤曰丨 妮呼婢曰丨丨子 怩漸色也

邊

脾丨胃身之經絡也 砒礬丨出器也 磇毒藥也 琵丨琶樂器也 枇丨杷果木也 毗明也厚也輔也 粃不成之粟也

求

棋丨杆升丨之杆也 碁象丨圍丨象鬥 旗旌丨戰丨會丨 旂同上模令也

去

其指物之辭 丌同上丨然豈丨然乎 期丨限約也 淇水名丨水 奇異也出最也別也 倛方相也其首蒙茸 沂十洲之浸浴乎丨

祇禱也丨神丨福丨壽 祈求也丨福雨丨天丨甘 芪黃丨草也 耆年老者老丨衿丨丨 麒丨麟瑞獸也 圻地界也 頎丨丨然佳丨也碩人丨

祁盛也大也 祺吉祥也 錡釜有足也 騏丨驥良馬也 蘄草也求也 鬐龍鬚也

地

池丨塘畜水以養魚也 彲理也 遞相丨接續貌 踟丨躕行不進也 纏丨身丨繞又束也縛也

坡

疲神倦也又衰丨丨倦 罷勞瘁曰丨 羆熊丨獸也夢熊夢丨

他

啼鳥丨雞丨丨鳴也 持丨攜丨扶維丨丨倡 媞丨丨安也 提丨起丨倡丨拔丨持 偍難進也 諟審也理也 醍丨醐性滑味甘

緹帛丹黃色也 禔福也安也 騠駃丨良馬也 鞮草履也 嗁聲近號泣者丨笑丨飢 稊木更生也枯楊生丨

增 糕 軟粿也｜麻｜米 錢 同｜洋｜｜又十分曰 不 同上十分曰｜ 鑯 ｜鏗彭祖也

入 兒 孩｜小｜嬰｜｜童

時 時 ｜辰｜刻一日十二｜ 辭 ｜行拜｜不受曰｜ 偫 供具也 塒 鷄栖也 鰣 魚名似魴而肥 匙 調味用｜湯｜銅｜

英 夷 ｜酋蠻｜ 侇 儕也等也 姨 母之姊妹夫曰｜丈｜夫 恞 悦也 荑 ｜稗荎｜刈又柔 移 ｜徙｜易又迻仝 易 正音人名白居｜

傷 輕也慢也 宧 養也又食所 巵 漏｜酒器也又巵仝 怡 ｜｜和悦也 枱 末端木也 貽 ｜情｜害贈也遺也 詒 欺也遺也 匜 盥水淨也

飴 ｜糖俗謂麦 眙 視不移也 訑 ｜｜自得也 畦 田五十畝曰｜ 椸 衣架也 彝 武｜地名又酒器 弛 弓去其弦也又釋也 貤 爵賞

員 團｜月｜ 圓 同上如球如珠 丸 彈｜粉｜薯｜ 圯 橋也東楚謂橋曰｜

文 棉 木｜｜絮｜枳｜花 迷 昏也｜途｜津 糜 粥也 麋 ｜鹿獸也 縻 牛轡也又繫也 蘼 荼｜花也 湄 水邊也又洲名 郿 縣名

語 宜 合理曰｜便｜｜室｜家 又 芰草 儀 禮｜｜容 猊 獅子也一走五百里 倪 俾｜端｜忍也 鯢 鯨｜魚名 霓 ｜裳曲調也 睨 邪視也

輗 車之持衡也 麑 狻｜似鹿也 羿 后｜射師也 毅 剛｜果｜決也怒也 疑 ｜惑猜｜狐｜ 嶷 小兒有知

出 齊 ｜整｜束｜國又等也 俿 ｜佌｜武｜｜輪 遲 ｜速｜延徐也緩也 馳 ｜騁｜驅 篪 樂器 墀 階砌也又丹｜ 齎 等也

喜 奚 何也 傒 東比夷名 徯 待期也 弦 弓｜繩也 舷 船｜扣｜而歌 絃 琴｜線也 瞴 環眼也

基部下上聲

柳

利公益也又鋒也 俐伶丨也 麗美好也又偶也 孋同上美丨也 莉菜丨花名 厲妖也孽也 礪砥丨磨石丨 勵勉丨勤勞也

蠣牡丨藥名 蜊蛤丨海蚌也 痢病症也 悷大怒也 荔丨支果子也 莅丨任事又蒞同 禲無祀鬼也 乳俗曰丨由血化而哺兒

詈旁及罵人也 癘疫氣也 糲粗丨米不精也 曬日光也 儷並也匹也偶也

邊

偹齊丨預丨又備同 備同上無所不足曰丨 弊惡也壞也敗也 帔帬丨也 詖辯駁也 庳小屋也 被咸丨服丨 蔽遮丨蒙丨掩也

俾使也 裨補也與也附也 斃仆而死也 閉丨門丨塞丨關 敝破壞也又自謙也 幣丨帛應酬物也 睥丨睨斜視也 辮編髮曰丨丨子打丨

嫳輕薄也 坒配合也 陛升高階也也丨下天子

求

忌凡有所畏曰丨 朞同上妬丨最丨 企丨立丨望又跂同 冀丨北丨洲又同上 技丨藝丨巧 妓丨女婦人之賤者 伎丨倆藝之狀 跽長跪也

驥千里馬也稱邁衆也 羈丨旅丨絆又勒也

去

〇

地

弟同輩少者丨為丨又凡 悌愷丨善為兄弟也 隸徒丨屬也閱也附也 雉野丨即野雞 棣棠丨之華 薙除草曰丨又丨頭 徛待也

傂不齊也 隸篆文變同隸書丨 娣女弟也又弟之妻也 毲狗丨 睇眄傾丨視也

坡〇

他痔肛門有瘡曰|暗疾

增巳十二地支之名辰|

時是事認得真曰|氏姓|婦人自稱曰某|時止也侍伺候之役曰|恃心有把持曰|自|蒔立也更也峙山砣立也

英異非常曰|奇|端裔後代之子孫曰|世懿純美曰|德|範袣祭也肄讀書曰|業

文媚取悅於人曰|諂也謎隱語曰|猜|袂袖也把|

語義訓其理曰|仁|又大|

出市商賈所萃之地曰|城|埠|又買曰|

喜系世|謂相連繫也係特是曰|干|的|繫拘|維||累曳攜也持也持|携帶物曰|持||帶呭||多言也攜同攜|仝手又攜

眄恨視也枻楫也褉除惡也修|事袣長被也閇門扇也詒贈言也衪衣袖也

洩||樂也舒散也

基部下去聲

柳 例凡丨則丨新丨有丨俗曰丨 吏所以治人者曰丨官丨丨員 俚鄙俗曰丨 哩語辭也

邊 避丨世丨地丨賢者能之 弊行不公正則曰丨例丨情丨私丨 獘同上

求〇

去 忌俗謂忌辰曰丨丨祭

地 地載華嶽而不動若地之厚也 治攻理也丨政丨國丨民丨天下四海太平曰大丨 踟丨躕行不進也

坡 鼻丨者人身之始也始祖曰丨祖

他 縫彌丨其缺曰補丨丨衫丨褲

增〇

入 字蒼頡制字以代繩文丨 寺丨觀庵院也 咡口旁也 珥耳飾也 餌以之釣魚也魚貪丨 二一之次也正音 貳同上又式同

時 示官吏諭民曰告丨丨衆 逝去而不反曰丨長丨行也 誓言辭要信曰丨有山盟海丨矢同 豉豆丨丨油 眎視也語也

英 硯墨丨石丨老坑丨 研古硯字同上 院政丨學丨議丨考丨醫

文 麵麥丨洋丨又麪同 麪同上又麪麵仝 味口之於丨五丨百丨 氼俗以人在水裏曰丨正字音匿

語〇

出飼俗謂養曰丨如丨牛丨羊丨猪丨小兒

喜奚應作何字用 兮歌之詞也

基部下入聲

柳裂破敗也破丨

邊〇 求〇 去〇

地碟小盤曰丨 鍱同上缶丨小三寸丨

坡〇 他〇

增舌三寸丨古丨戰丨劍丨辨

入廿二十曰 念俗二十之丨丨

時蝕物缺曰丨俗曰食丨如日丨月丨又生理虧本曰丨

英〇

文 篾 削竹為丨 篾 同上無也微也

語〇 出〇 喜〇

10堅部上平聲

柳 嗹 言語繁絮貌銅錢聲

邊 邊 丨界丨疆丨官守丨 鞭 馬鞭執丨投丨笞也箠也 ⿰金邊 丨水 ⿰舟邊 丨船 箯 丨竹輿也 蝙 丨蝠晝隱夜出 籩 丨豆祭禮之器 ⿰魚邊 魚名

求 堅 牢不可破曰丨丨固 姜 丨戎又姓也 羌 同上西戎也 捐 丨題丨職丨官 涓 丨滴水貌 娟 好也嬋丨 悁 燥急也忿也 鵑 杜鵑鳥名又名子規

僵 偃也仆也 殭 丨蠶死而不朽也 疆 丨界邊丨 繮 馭馬者曰丨 鏗 丨鏘五金之聲 慳 丨悋 羗 同羌 ⿰虫畺 仆也偃也 蠲 明潔也

畺 丨界 彊 無丨尤無極也 韁 繩也又繮仝

去 虔 一而不移曰丨丨誠 愆 罪過也 褰 褐衣也 牽 正音丨連 搴 丨收取也 騫 姓也又馬腹 蹇 揭衣涉水也

地 珍 寶物曰丨奇丨 顛 丨狂丨仆丨倒 巔 山之極高曰山丨 瑱 充耳玉也又時鐘聲 傎 丨倒 ⿰馬真 白額馬也 蹎 丨仆也 滇 地名雲南曰古丨

癲 狂病也心神不定 瘨 病也狂也

坡 篇 玉丨成丨丨章 編 丨書簡丨 牑 牀板也 偏 不中之謂丨又不正也 艑 丨艖舟也 便 丨辟丨佞丨丨言 萹 同篇丨書 褊 小也

蹁 丨庭丨躚旋行也　扁 小也　偏 同遍　楩 良木也丨楠木名　翩 疾飛也　諞 巧言也又丨佞　骿 并脅也

他　天 氣之輕清者曰丨　靝 同上青丨蒼丨九丨　⿱艹亘 覆萬物者曰丨　祆 同上又官名

增　章 文丨規丨　彰 丨揚採丨明采丨　傽 丨遑驚恐貌　嫜 姑丨夫之父　漳 地名丨洲丨江　璋 圭丨弄丨　墇 壅也隔也　湔 洗也

戔 丨丨淺少也　箋 錦丨雲丨簡牒也　綫 線也縷也可以縫衣　諓 巧言也　煎 丨煮調味也　偂 進也　顫 審氣也臭也　鱣 魚名　饘 粥也

邅 迍丨坎坷也又不進也　羶 羊脂也　氊 毛席也　鸇 飛鳥也　旃 通帛為丨旗曲柄也　飦 粥也　張 生理開丨　將 欲發未發之貌

⿰彳章 丨丨行不正也　慞 丨惶　濺 丨丨水急流也

入　〇

時　仙 無繫累音神丨曰丨天丨　僊 同上無塵氣者曰丨　孅 擾也肥也　相 連弄之貌丨親丨愛　湘 丨丨省江　⿰女相 丨妃又竹名　驤 舉也遠也

⿱艹仙 草名　侁 行貌　殤 夭折也　觴 酒巵之總名　襄 助理曰丨贊丨　攘 物自來而取之曰丨　緗 縑丨經書

英　央 四方之中曰中丨　嫣 丨然笑貌丨紅　傿 引以為賈　鄢 姓也又地名　⿰歹災 檇丨災丨　焉 何也又疑辭　歍 人名　蔫 物不鮮也又臭草

鴦 鴛丨匹鳥也　鞅 繫頸之組曰丨　臙 丨胭又丨脂粉　訣 早知也智也

文　〇

語 研 礲也窮也 妍 嬌鯳也 汧 泉病

出 仟 千人之長 迁 移也升也 遷 同上丨徙丨移丨善 昌 吉也盛也 菖 草名丨蒲又盛也 扦 墊埋曰丨 娼 女人買笑曰丨丨妓

猖 丨獗利害也又丨狂 阡 丨陌田基也又南曰丨 躚 蹁丨旋又舞貌 ⿰革䙴 鞦丨春戲也 韆 同上俗打鞦丨 芊 草盛也 ⿰扌䙴 插也

褼 褊丨新鮮也 閶 丨闔天門也

喜 香 味丨如蘭桂之味 薌 草名 掀 翻也丨書俗曰丨

堅部上上聲

柳 兩 對也双也二也 倆 技丨才藝也 輛 車丨乘也匹也耦也 魎 山神也 璉 瑚丨器也 摙 檄運也 槤 搬運也 臉 目下頰上曰丨俗面也

邊 扁 物不員者曰丨 惼 急也 鯿 魚名 藊 荳名 褊 狹也陋也又衣小又小也

求 强 勸也勉也丨求 襁 丨褓小兒之衣 狷 急也疾也疑也

去 遣 使也丨使差丨 譴 責丨問也怒也 繾 丨綣慰懃之意 犬 丨馬雞丨丨猶狗也 畎 丨畝又通水處也 俴 行相及也 蹇 卦名又嬌丨又跛也

僊 袴也摺衣也 謇 丨諤直言也 ⿰口䙴 難也止言也 ⿰言䙴 同上 ⿰足䙴 跛足也 ⿰馬䙴 馬丨也 譴 惡言也怒也

地 展 火丨開丨 輾 丨轉夜不能寐也 典 法也夜經丨又質也 倎 與腆同厚也 搌 束縛也 碾 物器也同輾 腆 厚也又膳也仝倎

洪 垢也濁也 [illegible] 厚也 㤨 愐|有慚色也 䚯 覥|慚色也 珙 玉名 拱 手伸物也 孨 孤陋可憐也 蹍 踐踏也

坡 蹁 跛足也 貧 財長也 覑 猶視也 趁 足長短而疾走也

他 〇

增 長 大也尊也高也 㐱 稠髮也 剪 裁|又|刀|髮 謭 |劣無能又陋也 剪 齊也截也 軫 車後橫木曰|又轉也動也 濺 水激洒也

踐 躔也履也迹也 殄 絕也滅也 飻 貪食也 餞 以酒物送行曰| 賮 以財幣送行曰| 燼 火之餘曰灰| 㶳 同上火餘也 診 審脉也又脉驗

漲 貨價|又潮水| 畛 井田陌也 疹 痘|瘋| 諓 善言也又小善也 紾 戾也|兄之臂則得食又殄同

入 嚷 喧|嘈| 釀 |酒|禍|激也 禳 除殃也又祈禱曰| 䑋 肥也 讓 責|譴|

時 想 正音設| 跣 |足猶足徒履地也 銑 金有光澤曰| 毨 毛落更生曰| 燹 兵火曰| 鮮 朝|東方國名 蘚 苔|草也

癬 皮膚疾也 煽 熾盛也|禍 謆 以言惑人曰|惑 搧 搖動也 騸 割去勢也 哂 微笑曰|又吲仝 矧 況也又笑類

㢮 同上又引也 獮 秋獵曰|又殺氣也 禒 祭餘肉也

英 遠 |近遙|行|望 養 生|供|育 鯗 |魚名生長鹹水中

文 免 罪也不用也 勉 盡其力而為之曰| 俛 同上|勵|力|俯 㝃 臨產曰分| 娩 媚也順也又同上 冕 冠也|旒 冕 冠| 鮸 |魚|鰾

嬶 匹耦也 丏 不見貌 沔 水名 㴐 同上又滿也 眄 睇丨睇視 眄 同上窮丨極視也 湎 沉丨溺也又飲酒也 黽 丨勉強為之也 憫 憂也

偭 同上 愐 思想也 腼 厚也多也又緬仝 䀎 慚貌 勔 勸丨 愍 憐恤也傷也痛也 暋 丨不畏死又強丨 閔 憂也又同愍又姓

潣 河水丨丨流也 澠 丨池縣名 䘆 服外之服也

語 仰 丨慕丨望丨首俯丨心之所慕者曰丨

出 淺 深丨水丨淡也薄也 廠 作工之場曰丨彩丨 僘 寬也 敞 高平之地曰丨 俴 同淺溪塞曰丨 氅 鶴丨衣毛羽作之 袒 日長也

喜 享 奉上之謂也獻也 畗 同上丨福壽安丨 亯 同上祭也歆也 顯 其明如鏡曰丨 顕 同上丨明丨達丨現 响 敲之則鳴曰丨聲丨 嚮 凡有聲者曰丨仝响

響 同响丨應影丨

堅部上去聲

柳 健 雙生子也

邊 變 有道行心術者能丨更也局也通丨

求 見 請丨引丨求丨廣丨

去 鞏 金城湯池曰丨音恐堅也固也用其義也

地 ○

坡 片 丨箋丹丨成丨切丨 騙 詿也詐也丨馬 鷊 同上以術愚人曰丨 諞 巧言詐也僞也 瓣 瓜中實也

他 暢 意爽也快也丨賞和丨 鬯 香草釀酒奉宗祀曰丨又同上

增 戰 兩軍對敵曰丨交丨又恐也 將 三軍之主曰丨主丨又丨兵丨將 瘴 丨氣 嶂 屏丨屏山也 悵 丨恨丨然惆丨 獎 賞也助也誇丨譽也

戩 草名 瞕 翳也目有所蔽也 障 屏丨隔塞也 顫 頭不正曰丨又四支寒動也

入 ○

時 相 丨國宰相官名也丨為百官之長丨事丨時丨人丨術丨五形

英 映 掩丨光丨丨日 怏 丨丨不服不滿意 醼 丨飲丨會 讌 同上 喛 食甘也 燕 丨窩暹丨西丨新州丨港口丨

文 ○

語 口 癔疾之有信者芬丨潮俗謂之丨鴨片丨

出 唱 丨歌丨曲丨和丨隨 倡 丨首持丨不丨

喜 憲 法度也丨章上丨大丨 俔 譬喻也又細作也 晛 明貌又視貌 峴 山名 誢 諍言也 晛 日氣也 献 進丨貢丨丨策丨計 獻 丨功丨俘仝上

讞丨獄斷也評也 囐訟獄也 巘山嶺也 向對面曰丨坐丨心丨葵丨 餉丨務納丨完丨 僩威嚴也 見顯也現言 覸視也又什也

釁丨禍又丨鐘丨端 衅丨端又尋也啟丨 鄉同向丨者昔也今者此時也

堅部上入聲

柳 栗丨子俗名厚力子 瞟踐也 僄廟主也

邊 〇

求 絜度也矩也 潔不污曰丨白清丨 偈丨丨用力貌 碣石丨

去 厥與其字同用 却催丨辭丨 郗同上退也 郤同却郗用辭也摧開 恝無愁貌 [illegible]勞也疲也 獗猖丨利害也 蹶僵也跳也又蹷仝

蕨丨薇草子也 怯多畏也也胆丨丨懦弱也 孑丨然獨立也 契勤苦也又姓 偰與契通姓也 戛長戈也又擊也 虢丨州丨公又國名

躩足丨如也足盤辟而為敬 劂剞丨彫刻也

地 侄堅也痴也俗謂姪非 峌山高也 咥切齒也 祬天官職級 跌失足曰丨倒差丨 眣以目使人也 秩職也序也 迭更也代也

帙書丨成丨卷丨 袟劍衣也 袠書衣也簡丨 蛈水虫也楚王吞丨 紩健也 祑祭名又次序 庢同上碍不行也 瓞瓜丨小瓜也

軼侵也突也車相出也 垤垢丨土高也 后塞也 耋八十歲曰丨 窒丨碍穹丨阻隔也 嚞古吉字又喆同 哲賢丨明丨丨人 姪美女不善也

輒專擅曰| 輙同上動|然 桎足械刑具也 經喪服也 陘不循理也 銍穫禾短鐮也 輊軒|車前後高低也

坡〇

他徹明遠事理曰|通| 澈水澄清也 轍車|又迹也又與徹通 軼同上車輪所碾迹也 撤除也散也退也罷也

增爵酒器也又官|進| 即就食也又今也若也時也 勺取水器也 妁媒月為人撮合也 仢流星也 灼炎也盛也明也 酌|相|又斟也參也

妰女人靜也 礿祭名春祭曰| 嚼咀|求其味也 杓木|杯也 芍花名|藥又葯名曰|

入〇

時設凡制創者曰||局 屑木|輕小之物也 削刻治曰|又刪| 碩凡大之稱曰||望|人|鼠 榍木名 褻狎|穢也

英約大||束 藥芍|花名又葯仝 鑰以之啟鎖者曰| 躍踊|魚|鵲| 跚登也履也拔也行也 籥雀麥也 籥笛也樂器也

爚火飛也雷光也 龠管樂三孔和衆聲 禴春祭曰| 鑠鎖也 爍光貌

文〇

語蘥|噬也 囓昆虫|也又噬

出切勿延之謂|要|磨 竊俗竊字鼠|盜| 竊盜也私也淺也緣啟也 婼不順也 雀孔|鳥|又|屏 婥美也 綽|有餘裕寬也緩也 鵲鳥|喜|

喜 許發人私隱曰丨攻丨 揭去也 蝎虿有毒也 蠍蛇丨蠆尾虫也 羯丨鼓催花又胡種名

堅部下平聲

柳 良丨善丨歹賢丨純丨 俍無惡習者曰丨良民 連正音牽丨相丨 聯正音蟾丨相接與丨 粱正音棟丨大丨 粱高丨黃丨可釀酒 璉瑚丨宗廟中黍稷器

樑棟丨大材也 涼清丨寒丨炎丨 憐心所不忍曰丨堪丨愍也 漣丨丨下墜之貌 謰多言也

邊○ 求○

去 强勢盛者曰丨高丨丨弱 乾卦名丨坤丨老陽也 彊丨弓乃弓之勁力者 鏹白丨銀也

地○ 俗問亞誰曰丨丨

坡○

他 鈿金丨釵丨首之飾也 畋正音丨獵耕丨 填丨實丨塞加添也 磌石落貌又柱下石也 闐盛貌 嗔盛氣也 廛市丨商場也 躔星辰丨度又踐也

纏糾丨又丨身丨綿腰丨

增○

入 然轉筆之用又其丨 燃火焚物貌又丨眉急也 㜣姓也又嫣丨女態也 撚以手持物曰丨丨花丨須

時 庠學校之總名黨有丨 佯詐也偽也丨狂 詳凡事知之徹曰丨細丨 祥丨瑞丨雲百福千丨 翔鳥來不搖其翌曰丨回飛 裳下衣曰丨俗裙也 單姓也

嬋丨娟月中仙女也 嫦丨娥月中女也 蟬鳴丨秋丨又丨鬓 墠野土也 髯須在頰下 痒膚癢也

英 易開也 暘丨輝光明也 揚抑丨顯丨丨名 陽陰丨天地二氣也 楊丨柳綠丨木也 鍚丨鸞聲也 禓道神也 援引也拔也

煬炙也燥也 颺飄丨風也 爰引辭也 媛美女也又助也賢丨 褑佩玉帶也 湲潺丨水流貌 梴木名 涎口中津液丨也唾丨流

延丨長丨壽又引納也 筵琼丨玉丨開丨酒丨 郔地名 䀽視也 埏八丨地之八際也 鳶商丨鳥也 唁弔生曰丨弔死曰弔

芫丨蘭蒲草也 紈素也丨扇 徉徜丨猶徘徊也

文 綿丨長丨絮丨丨 㒙丨丨低貌 緜柔弱也丨力 緬丨想丨甸 偭皆也又鄉也 湎沉於酒也

語 妍丨媸丨美也媸醜也 研丨究又磨也 枅木名 汧丨渭水名 鈃似鐘而頸長 訮怨也爭訟也 豣三歲猪 趼平也 揅磨也

出 長丨遠丨久綿丨 倀丨丨無見貌 嬙嬪丨婦官名 檣舟中帆柱也 䟫跪拜也 薔丨薇花也

喜 玄天之色曰丨又深奧也 伭很也不听從也 炫光也耀也 鉉鼎耳也 賢丨哲聖丨丨達希丨 閑以別物之出入曰防丨 嫺丨雅也

衒自媒也誇也 泫水深廣也 玹玉名丨玉 絢受采也

堅部下上聲

柳亮明光光｜量能容物曰｜｜大｜海吝嗇行出者曰｜驕｜諒原｜見｜相｜鑑｜喨呐｜聲｜倞索也藺莞屬又姓䗲螢火也

邊便順｜遂｜｜宜方｜辨分別之辭辯言不能屈｜也舌｜口卞姓也｜莊｜和汴地名｜州忭｜舞歡喜貌弁武士曰武｜又曰冠也

緶溺也㑢同便字辦致力也具也又办同㴐便溺也抃拊手也

求建創立改造曰｜健壯也強也不倦曰｜徤同上強壯曰｜庸｜犍以肩舉物曰｜揵門限也鍵關｜門｜鑰也腱大筋也又肋之本

鞬弓衣也闥拒門木也關｜楗同上門關｜也

去〇

地奠安也祭也定也坫屏也障也墊紫｜椅｜皮｜甸｜域界止也電｜光雷火陰陽激耀也壂堂基也殿正音後軍曰｜軍｜後

塡實其陷地處曰｜臋後｜俗皮鼓臀同上俗曰膠瘡版⿰金奠螺｜以寶飾器也

坡〇他〇

增仗凡所倚靠者曰｜又｜義丈凡量度曰｜船｜地｜倉｜杖老者行則扶｜俗曰枴｜

入讓人先己後曰｜退｜謙｜壤土｜又天｜言相距之遠

時上物之佳曰｜又高也尊也尚曾也庶幾也加也崇也善有德行者曰｜良｜友｜膳具食曰進｜供｜視｜僐恣態也饍每日三餐曰｜早午晚三｜

繕治也補也｜寫 蟮白｜又䱉仝 墡白｜土其土有沙無泥 像形｜繪｜照｜ 橡木名其可熬膠 胥出溺之處曰｜臟也 鱔俗稱為黃鱔

鱓魚名猶似鰻 燀炊也 徜｜徉猶徘徊也 擅把持自專也曰｜專權 儃｜｜舒閒貌

英羨堪｜稱｜餘也貪也 衍延也寬也美也豐盛也 恙疾之輕者微｜無｜ 㲉子孫承續也 漾水動貌蕩｜長也 㴴立動貌搖｜ 援｜之以手救｜拔｜

爰引也 饍餌也 兖｜州地名又姓 瑗大孔璧也 延遷｜淹久貌

文面面同

語〇 出〇 喜〇

堅部下去聲

柳煉煆｜烹｜｜丹 練色白曰｜又習｜銀｜ 鍊精熟曰｜｜達老｜ 湅與練通簡也

邊〇 求〇 去〇

地〇 坡〇 他〇

增〇 入〇 時〇

英〇 文〇 語〇

出〇 喜〇

堅部下入聲

柳 列分布也行次也行| 冽|戰|凜 烈火|性|氣|猛| 洌水漬而冷也 略韜|戰||簡| [illegible]神名 鬣馬駿曰||長|馬| 鬣同上馬| 慄恐懼也 溧凜|寒| 㤡慘|

邊 別離|分|凡不同者曰|辨|

求 桀夏王曰|紂|凶暴也 傑才過萬人曰|文執也傲也 杰盛也 [illegible]惡鳥也 滐水激洄也 磔死形也 榤雞棲也

竭盡也極也|力 碣|石碣也

去〇

地 姪兄弟之子曰| 侄|仡不前也堅也痴也 跌失足仆地曰|

坡 弻輔也助也正也 弼同上輔| 弻又同上斗杓星名

他〇 增〇

入 若假設之辭 箬澤生之草名可作笠 弱柔| 熱火|暑|涼|炎|

時○ 英○

文孼庶出之子也

語孽庶出之子曰丨罪丨 蘖萌丨 糱酒之母也 蠥妖丨 闑同臬門中橛也 𪖐丨麗不安也 鶂水鳥也

𪖙鷩聲也 虐殘暴無政禮曰丨 瘧疾有潮熱者曰丨 謔丨語丨戲之言也 鬩恒訟也鬩很也

出○ 喜○

11 京部上平聲

柳○

邊兵甲丨行丨丨卒 氷水凍成丨丨霜 冰同上十一月水始丨

求京帝王所居之地曰丨都丨城丨師北丨南丨丨 驚恐也懼也丨心丨悸 京仝上

去○

地口俗如物之不可動者有小物碍之曰丨 口俗謂脇為丨籬 坡○

他廳樓客之所曰丨客丨 厛同上丨堂官丨大丨 听耳有所聞曰丨 聽聞而審之曰丨丨思聽

增正每歲之首月曰|月 晶石如通明者曰水| 精能以術迷人者曰妖| 腥肉之赤者曰||肉赤肉也

入〇

時聲响則曰|耳有所聞曰|風起萬籟皆| 声同上|音出口成|

英〇 文〇

出〇 語〇

喜兄同輩之人如先生者曰|兄弟

京部上上聲

柳領首||袖|會|略 嶺山之高者曰| 聆|音|會|悉 衿衣之首有|皮|絨|頸|

邊丙十天干之一|光明也 餅羔|麫糖作|湯| 䴵同上畫|不能充飢

求子俗謂子曰|父|母| 仔凡物之少者曰|撮|點|孥|

去〇

地鼎三足曰|定||遷|力能舉|又卦名||新 鼑同上又卦|革去舊|取新也 釜原音府俗用曰|烹煮之

坡〇　他〇

增整 齊—修—凡物之壞而仍修拾者曰—　淡 清而無味者曰—以—曰—用其義也鹹—味—

入〇　時〇

英影 凡光所照則有日—灯—弓—　文〇—

語雅 物之佳者美者曰——意—人—照　疋 同上—正—鑒—儀

出且 反用起筆之辭—夫—人—也　請 以言求人曰又—客—酒—會

喜〇

京部上去聲

柳向 俗謂向面之方曰——東—西—者向也

邊併 俗言事之盡力而為之者曰—

求鏡 凡以之鑒物理者曰—銅—明—琉璃—

去〇　地〇

坡聘 女子許配于人曰受—又送—行——禮—儀

他痛 人之通身凡有所傷則曰—病—

增正 不偏不斜者曰—中—公—　疋 同上雅—又正己而後正人

入〇

時聖 明達事理大而化之之謂—至——人希—

英〇　文〇

語〇

出倩 己不能為用人代之曰—猶代也僱也

喜〇

京部上入聲全部空音不錄

京部下平聲

柳〇　邊口 凡物之搬運過處者俗皆曰—

求行 凡物之自能運通者曰丨又惟鵲與蝦蟇以類躍而不丨

去〇

地埕 梓里鄉村曠地曰丨內丨外丨灰丨塗丨 呈 上控之狀詞曰丨入丨傳丨限丨

坡坪 版地也山坡也沙坦也積淤也皆曰丨

他程 路丨章丨又姓 呈 双手捧物送上曰丨又示也見也平也

增成 凡物事已成者曰丨又親戚曰親丨 入〇

時城 凡官府佳址之處皆有丨都丨省丨府丨縣丨 成 凡物收丨不足則曰幾丨

英營 凡軍旅所住之處曰丨安丨創丨武丨巡丨 贏 輸丨即勝敗也敗曰輸勝曰丨

文名 凡事業工藝有成者曰丨成丨功丨丨式出丨有丨

語〇

出 凡事物作之而未甚善有出而為之裁制者曰丨

喜刑 六部之中有丨部 邢 姓也

京部下上聲

柳 俗謂魚之脊上直列之莿曰魚之有丨又新加坡呼妹子曰亞丨

邊〇

求件 物之數曰丨物丨事丨幾丨成丨

去〇

地錠 凡銀之成件曰丨金丨銀丨錢丨

坡〇 他〇

增〇

入〇 時〇

英 俗箕颺曰丨又風

文〇 語〇

出〇

喜 蟻虫｜螻｜又姓 瓦蓋屋之物曰陶｜

京部下去聲

柳 寧｜猶願也 寧同上｜為｜不｜願 甯同上｜可如此 令俗以酒行｜曰｜酒｜骰｜

邊〇

求 趸俗謂年少壯者曰｜

去〇

地 定凡事不易者曰｜｜着己｜｜鼎｜國定天下

坡〇 他〇

增〇 入〇

時 檻乘物者曰大｜儲穀者曰粟｜

英〇

文 命一生所受之榮枯皆由此｜性｜安｜

語〇 出〇

喜 艾｜草可以薪｜｜棉 灭病也

京部下入聲 全部空音不錄

12 官部上平聲

柳〇

邊 般如舟之旋運也移也 搬同上遷移曰｜｜物｜家

求 官所以治民者曰｜｜家｜吏｜長｜府｜民 肝五臟之一｜胆心｜ 杆旗｜所以升旗者

干凡物晒之使乾者統謂之｜如魚｜柿｜龍眼｜ 棺｜木所以貯屍也

去 寬不緊曰｜徐徐者曰｜從容者亦曰｜

地 單孤身曰｜無双曰｜又商場单紙之｜ 单同上生理家之｜紙用此 丹牡｜花名也

坡 潘姓也

他 攤數目不能完全者則請｜均｜捴｜ 擹賭錢之處曰｜場 埮地平而長也

灘凡水平平者為江河由高而瀉曰丨自潮州以上有十八丨
增 俗抽簽曰丨簽轎役亦曰丨
入〇
時山平地突起曰土丨由崑崙起祖發幹而分五丨岳以及億萬峰巒為先天之丨
英安丨穩平居無事者曰丨丨甯丨静 鞍馬丨金丨
文幔遮人不用褲而用丨有絲丨布丨 ⿰衤曼同上胡人之衣也
語〇 出〇
喜歡俗有吉事親朋前來慶賀者皆曰丨喜
官部上上聲
柳〇
邊盤丨上聲石丨地丨如高以下而週平曰丨
求果必丨決也丨致勝也丨然驗也因丨緣也 寡丨者少也婦人無夫曰丨婦諸候自稱曰丨人

倮陜隘也又音裸赤體也 趕追也丨緊丨猛丨逐丨出 赶如獸之尾舉起而走
去〇 地〇
坡〇 他〇
增盞茶丨酒丨灯丨油丨玉丨缶
入〇
時產生丨出丨丨業 散藥丨末也 驏名馬也 滻水名也
英碗鏂丨盤丨 盌同上湯丨飯丨 椀同上每飯盛饌之器
文滿盈則曰丨志丨心丨丨則必溢驕也
語〇
出〇 喜〇
官部上去聲
柳〇

邊 半 对折曰丨又上弦下弦皆月之半曰月半弓
求 ○
去 看 久視曰丨丨視丨待丨顧
地 旦 戲之女劇曰丨生丨女
坡 判 官场行文曰丨行又丨蔗判柑
他 炭 木焚火息之餘曰丨火丨柴丨塗丨煤丨
增 ○ 入 ○
時 散 收之不能注集之不能成曰丨四丨分丨冰解曰丨 汕 以薄取鱼曰丨又地名丨头埠
線 針丨絲丨苧丨沙丨又柳丨 綫 同上今之鐵路幹丨支丨 傘 雨丨涼丨
纖 同上今有紬子雨丨
英 晏 日上已三竿乃云時丨日丨過午曰丨 案 公丨書丨香丨丨牘丨件丨前
文 ○ 語 ○

出 門 門橫闌也曰門丨
喜 ○
官部上入聲 全部空音不錄
官部下平聲
柳 [石闌] 井丨闌丨牛丨 攔 阻隔曰丨丨阻 欄 猪丨羊丨養畜之所也
邊 盤 大碟曰丨有五寸丨三寸丨大遍丨 鎜 同上有金丨銀丨玉丨
求 寒 冷甚曰丨節候有大丨小丨
去 ○
地 壇 杏丨騷丨神丨築丨開丨
坡 ○
他 朽 木丨者曰丨即腐敗也用其義也 檀 丨香番柴之有香味者可作香以降神
增 泉 白丨水由地中出曰丨山丨井丨坑丨

入〇 時〇 英〇

文麻 丨苧績而織之曰布 蔴 丨荳穀類也 痲 大痲曰丨瘋 瞞 丨騙詐偽也

鰻 無鱗長魚也

語〇 出〇

喜鼾 睡熟而有聲出則曰丨睡中氣息粗也

官部下上聲

柳涎 口中之液曰丨

邊〇

求口 挈懸持也說文曰丨

去〇

地惰 好閒便是丨懶丨困丨 隋 同上丨懈也

坡伴 相陪曰丨侶也友也朋也侶魚蝦友麋鹿皆丨也

他〇 增〇

入〇 時〇

英旱 久而不雨曰丨又丨涝丨年

文〇 語〇

出鱣 俗謂鱔魚曰丨

喜〇

官部下去聲

柳爛 凡物腐敗曰丨朽丨又腐丨

邊桿 俗以工相代曰丨相丨又丨工

求汗 身之血液發於皮膚之外曰丨

去〇

地彈 俗土音曰丨鳥丨統

坡〇　他〇

增賤不貴之物曰｜｜貨｜價｜人

入〇

時〇

英換貿易也物與物易｜相｜

文〇　語〇

出〇

喜塍田園分別之界有小堤者曰｜田｜

官部下入聲全部空音不錄

13皆部上平聲

柳〇　邊〇

求皆無分彼此之謂也｜是　該如此之謂也｜事｜件　賅贍也具也非常也

垓界也守也　侅非常也奇也　胲足大指也　荄草根也

偕併也俱也强力也　喈鳥鳴也

去開｜基｜創｜國｜學｜荒｜闢｜端

地〇　坡〇

他苔階前久雨則生｜蒼｜青｜莓｜緣｜｜痕　篩去粗取細曰｜｜米｜粟

增知心能領會曰｜｜心｜事相｜　栽｜種｜花　災天｜禍｜｜害｜殃

灾同上又烖仝害也

入口暹中稱老婦曰亞｜

時西日入於｜方｜洋｜國　獅猛獸也也善走日行千里　私事非正道者曰｜稅有走｜事有｜約

犀形如豕有獨角兩角三角之異又有水｜山｜頂｜鼻｜之別

英哀悲痛之甚曰｜母死曰｜子　埃塵｜　唉歎也　涘水涯也

文 西洋人行舟之水路長短曰｜準則也

語 ○

出 猜 ｜疑｜謎｜事料也又恨也

喜 ○

皆部上上聲

柳 乃 轉筆之辭也若｜況｜ 奶 俗稱縉紳之妻曰夫人亞｜ 鼐 絕大之鼎也

迺 汝也始也

邊 擺 ｜設｜采｜弄布｜敢｜ 扒 拔也擘也剖分也

求 改 正音

去 楷 字之正體者曰｜書｜模端｜又模也法也 愷 ｜悌慷也力也 鎧 鐵甲也

闓 開也闓也解也 覬 ｜覦希望也 鍇 鐵之精者 凱 ｜風奏｜｜歌

獃 ｜子痴也

地 歹 物之惡者醜者曰｜好｜ 坡 俗謂浪蕩之子曰｜仔

他 癩 瘋｜惡疾也

增 宰 主其事者曰｜寵｜官｜主｜又｜割也 滓 渣｜糟粕也 載 十二個月為一｜

崽 爛｜惡人也

入 ○

時 使 廝役為人所｜用｜喚 駛 馬疾行曰｜又｜舟船行快曰好｜ 屎 糞穢曰｜

英 藹 容止可觀曰｜和｜ 靄 雲霧也｜雲瑞｜門闌｜瑞 藹 正也又盡力之稱也

靉 ｜靆海中雲氣也 毐 嫪｜人名趙姬之奸也 醢 以肉為醬也

文 買 正音以錢易物曰｜又人名朱｜臣

語 ○

出 采 ｜彰｜雲｜者錦綉之色也 彩 ｜色五｜華｜ 綵 錦繡擺｜ 採 取｜｜藥｜蓮｜桑

喜 海 百川匯｜衆流歸｜四｜湖｜

皆部上去聲

柳 睞考視也傍視也 賚賞賜曰大｜弟也

邊 拜首俯至地曰｜又載｜ 湃澎｜波浪貌

求 蓋發端語也又覆也掩也 葢同上遮也蔽也 界邊｜基地｜塈｜ 戒警｜受｜齋｜

介取與不苟也又鱗｜｜冑 盖與蓋又蓋同 价大也善也又伻也 ⿰亻戒同上役｜使也

玠大圭也 丐乞也取也 芥辛菜也｜薑 屆以至曰｜弗｜期｜

妎妒忌也 ⿱穴介獨也 蚧蛤｜似蝦蟇有尾 誡命也告也又警也

去 慨感不絕於心曰｜又感｜｜然 概持平曰｜大｜一｜｜見 槩平斗斛木也

⿰亻既假玉也 嘅歎也 溉田園必用水灌｜ 愾｜歎｜太息也

地 戴｜恩｜德頂｜ 岱東嶽曰｜泰｜ 貸以物假人曰｜出｜交｜ 伕地名

貰賒也又寬｜ 玳｜瑁似殼龜有有 埭土堰水也

黛可代黑色者曰｜又青｜眉｜粉｜

坡 𠂢分｜一｜交｜ 派萬｜朝宗同上 ⿰亻𠂢雜也 ⿰忄巿怒也又恨也 霈雨澤多也

沛｜然下雨又地名水名 旆古代旗末端如燕尾的垂旒狀

他 太大也｜平｜王｜上 泰安舒也康｜驕｜ 態度也體｜驕｜ ⿰亻能同上婦容也

汰沙｜又同泰

增 再重也復也又也 載同上｜拜乘也承也

入○

時 賽｜寶｜玉猶較也 塞出｜｜外猶邊界也 壻女之夫曰女｜又婿仝

使 奉命办事的人 晒把東西放在太陽光下使它幹燥 曬晒物要仝宜干｜之

英 欲貪｜最｜｜財｜命 愛心之所好者曰｜嬖｜｜女｜子 曖｜｜明也｜昧昏也

文 勿禁止之詞｜與勿為

語○

出 菜園蔬曰｜｜根魚｜ 埰百乘之家有｜地

喜口 逐豬聲

皆部上入聲 全部空音不錄

皆部下平聲

柳來 古往今丨未有者后丨 来 同上未經又事曰將丨 倈 答其勸撫其勞也 徠 同上又與來通

梨 果名沙丨雪丨 崍 山名其陽多金 萊 草也荒田也 騋 牝馬又馬高七尺也

䅘 小麥也

邊排 安丨推丨丨列 牌 火丨招丨石丨牙丨 俳 丨優丨戲

求個 丨枚也每丨 个 同上竹葉丨字形 箇 與上兩字同幾丨

去〇

地〇

坡徘 丨徊不忍去之貌 琲 珠十貫成丨 醅 醉飽也 頖 低頭曲頭

他台 遠觀四方者曰高丨 臺 丨高可以摘星 薹 稱人之詞如老丨仁丨 駘 駑馬銜脫也

鮐 魚名 抬 舉也 笞 捶擊也 檯 木名

增臍 肚丨深可納李心腎之間曰丨

入〇

時〇

英母 俗呼丨曰丨父丨 嬡 俗丨字用此

文眉 眼丨目丨畫丨柳丨 楣 門上橫樑曰門丨 嵋 山名西蜀峩丨山

埋 塟丨瘞玉丨香

語涯 水邊曰丨水丨無丨 崖 高邊也又海中有地產珠曰珠丨又違也不和

睚 丨眦怍視也

出才 質美可造者曰丨天丨高丨人丨 裁 剪丨凡事多湏丨酌丨判

財 世人通用之資也丨散則人聚財聚則人散此通義 豺 丨狼猛獸也

材 大木曰丨棟樑之謂其大丨也丨料

喜孩 嬰丨小丨丨兒 骸 尸丨 諧 和丨耦也合也

胚 胎之始也丨胎

皆部下上聲

柳 賴 依|記|全|又無|藹子也 內 裏也深藏也|外有別 耐 忍也忍|久||寒|涷
柰 果名桃李| 奈 無可如何曰|又|何 籟 凡竅激之則鳴曰|萬|
邊 ○ 求 ○
去 ○
地 大 首也尊也高|老| 迨 及也又安和也|今 逮 遞下之詞又同上 怠 惰也懈也慢也
殆 辭其大概之詞又危也 隶 及也本也
坡 它 船|主行小舟之事
他 待 久|相|厚||價|售|聘
增 在 正音現|所| 豸 無足虫也又獬|
入 ○
時 柿 果名青||紅|元宵||

英 ○
文 邁 遠行也又老也又過也卓也 妹 正音
語 岸 堤|山|高|水邊堤 艾 草可灸病 犴 狴|獄名 豻 野獸也
出 ○
喜 亥 十二支辰之一也 欬 |嗽氣逆也 咳 同上又嘔吐也 駭 馬驚曰||異甚|
懈 怠也惰也少| 侅 奇也非常也 械 軍|軍器也又形具也 ⿰亻解 廌|豪强貌
獬 |豸 邂 |逅相遇也 閡 閉也上也塞也 薤 葷菜也

皆部下去聲

柳 利 以銀取息曰收|又廿四山造作有利無利
邊 敗 物|則壞事|則散兵|則危
求 ○ 去 ○
地 ○ 坡 ○

他〇

增 儎 大船中之貨曰丨貨足曰滿丨 哉 始也又語辭又歎聲又疑辭

入〇

時 俗謂木料曰傢丨又祀神曰丨神

英〇 文〇

語 碍 政治不行曰窒丨防丨掛丨冲丨 礙 同上不行曰阻丨

出 纔 初也曰方丨暫也曰丨丨 纔 同上丨猶言僅也

喜 害 災丨貽丨禍丨又嫁禍于人曰陷丨

皆部下入聲 全部空音不錄

14恭部上平聲

柳〇 邊〇

求 恭 敬發於外曰丨謙丨丨敬又升仝 躬 身之別名曰丨鞠丨 芎 草名川丨

穹 蒼丨天也 穹 丨隆天形也 龔 給也供也 嶐 丨窮山形也

愩 憂也 誇 多言又詾問也

去〇 地〇

坡〇 他〇

增〇 入〇

時〇

英 雍 丨容和也 傭 擁降不伏也 癰 丨瘡丨疽 饔 熟食也

雝 鳥聲又和也 廱 辟丨天子學名 邕 丨和也 嬴 姓也丨秦氏

瀛 丨海東海也又丨洲 噰 聲和也 臃 肉起也

文〇 語〇

出〇

喜 凶 不吉曰丨吉丨 兇 暴惡也 訩 衆言也又訟也 詾 同上又說同

洶水酒也 匈丨奴北方國名

恭部上上聲

柳〇 邊〇

求拱兩手齊揖曰丨丨手丨立 龔姓也

去恐心怖也又驚也丨懼 鞏固也堅也

地〇 坡〇

他〇 增〇

入〇 時〇

英永長久也丨年丨安丨遠 勇果敢曰丨好丨有 俑從葬木人曰丨 悀怒也

蛹繭虫能化蛾 筩箭室也 湧水中波浪也 踴丨躍也

踊辟丨哀也又跳也 甬草木華丨丨出丨道

文〇 語〇

出〇 喜〇

恭部上去聲

英咏丨詩丨賦歌丨吟丨 詠同上宓七歲能丨吟 擁推而進之曰丨齊丨

壅河江土淤曰丨塞

除此英字之外上下俱係空音不錄

恭部上入聲

柳〇 邊〇

求匊兩手捧物曰丨又屈掌也 踘蹴丨今之打毬也 鬻賣也 麴酒母也丨蘖

麯酒德藉糟枕麯 鞫窮理罪人也丨問 鞠同上審也

去克勝也又丨己丨能 曲丨肱丨直 佃小也又倔也倔丨

地〇 坡〇

他蓄積丨有餘裕也儲丨積丨

增○　入○
時○
英欲　正音
文○　語○
出○
喜育養－教－生－　彧文也茂盛也　旭日初出時也－日　昱同上明也
儥賣也　勖勉力也　毓生物也－秀　澳水之内也
郁－－文盛也　棫黍稷盛也　馥氣味香也　堉地肥貌
煜耀也光也　燠暑熱也
恭部下平聲
柳○　邊○
求○

去窮審察其事理曰－究又貧－困－又極也　竆同上又恭也　笻竹杖也携－　卭臨－地名
蛩寒－善鳴虫也一名蚯蚓　藭芎－葯名　銎斧斤受柄處也　茾萓草實
拲推也擁也
地○　坡○
他○　增○
入○　時○
英容形－音－相－儀－貌也　瑢瑽－佩玉行也　傛－－便習貌　溶－－水光貌　犝牛名
鎔－化冶器法以－之　庸中－不易之謂－　傭雇役于人曰－又等也作也　嵱崢－山高也
輅車行也　瀜水深廣貌　熒光也又－惑火星　滽水名其水出河南　槦木名作矢
榕樹大蔭十畝枝生根　蓉芙－花名　榮－枯－華　荣同上如花木之茂盛
慵懶惰也　鏞－鐘大鐘也　螢－火－光－虫腹有光　瑩美玉也　盈－虧滿－
贏餘利也－餘　墉城也壁也　嵱山名在建州　濚泉水也又水迴貌　禜祭而除災也

縈旋也繞也　營經濟也又經—　墉城墻也　鄘附—畿內地也

文〇　語〇

出〇

喜　雄—飛雌伏—鳥父也　⿰厷鳥同上又英—

恭部下上聲

英　佣中金也凡貨入行必須扣—內為扣—外為併—

除此英字之外上下俱係空音不錄

恭部下去聲　全部空音不錄

恭部下入聲

英　慾心之所欲首曰—情—嗜—貪—又口鼻耳目四支皆從心欲曰—　浴沐—洒身也又借為潔治之意也

除此英字之外上下俱係空音不錄

15 君部上平聲

柳〇

邊　賓師傳曰西—客—主　賔同上　儐尊也恭也　嬪女官也　濵水際也海—水

獱獺之類也　矉恨也張目視也

鱝魚名似魴　蠙蚌別名　繽—紛亂也　檳梹榔也　梹—榔產自南方

彬適均貌文質—　斌同上文質備也　斌同上　豳詩—風商名

求 君

去　輕—薄—重—浮　輕同上

地〇　坡〇

他〇

增　真事雖錯而不言錯者曰認—不偽者曰—　薪柴—採—　津江—關—

瞋張目怒視曰—　臻至也及也聚也　溱水名又衆也盛也

榛 木名｜莽 蓁 草盛貌其葉｜｜	入〇	時 新 ｜舊鮮｜日｜｜ 辛 ｜苦｜金味｜庚｜ 身 人之體曰｜｜分｜家	申 ｜明｜究又地支之一 伸 能屈能｜｜縮 紳 ｜耆鄉｜｜衿｜士	㑗 神名 鋅 白鉛曰｜屬曰亞鉛也 娠 婦人有孕曰｜ 甡 衆多也	莘 細｜又姓衆多也 騂 馬亦也剛壯也 詵 致言也問也衆多也	英 因 事有所由曰｜緣｜ 茵 錦｜草名｜蓐 烟 火未起則先｜火｜雲｜	煙 同上潮俗之財破在三｜ 垔 塞也又堙仝 闉 城門也重門也	甄 ｜別｜陶又姓 湮 水名又｜浸沉也 咽 身之要在｜喉	胭 ｜脂又喉也 臙 同上 姻 婚｜姻親｜緣 堙 塞也同垔	婣 與姻同｜戚也 禋 潔祀也 絪 ｜緼元氣也 裀 近身衣也	文〇 語〇

出 親 服内為至｜又｜疏｜戚姻｜成｜做｜	喜〇	君部上上聲	柳 輦 車輪也輔車而行者曰｜	邊 品 ｜質｜物｜級｜行 匾 ｜牌｜額 稟 告｜啟｜致｜｜帖	求 緊 凡事不可寬緩要者曰｜｜急｜	去〇 地〇	坡 貶 降官曰｜謫也黜也 窆 窀｜下棺也 砭 針｜以石針病也又平聲義仝	牝 母畜也｜雞｜牛 ⿱日乏 同貶黜也	他〇	增 振 舉救也又整也奮也動也作也 蜃 海中氣結為樓市曰｜氣又曰｜樓海市 侲 童子也	賑 以富救貧曰｜賑濟 震 卦名又雷從地起曰｜ 戩 ｜穀福也又盡也

入〇

時 慎護靜也謹｜｜思又恪｜

英 引伸也牽也導也 蚓蚯｜即寒蛩也 癮凡有癖者曰｜煙｜

文 免不用也俗曰｜

語〇 出〇

喜〇

君部上去聲

柳 輦俗謂善轉者曰｜圓者善｜

邊 遍｜山｜野｜地言其廣且週 徧同上周也布也 臏膝耑也又人名孫｜

擯導賓曰｜｜相｜樂｜斥 儐｜相導也隊也 殯停放靈柩待葬 窆下棺也

髕膝耑刑刖 鬂兩｜蟬｜ 鬢頰髮也兩｜

求 絹白｜晝｜縑也賜｜贈｜

去〇

地 鎮天下四大｜市｜ 鎭同上坐｜武營｜台

坡〇 他〇

增 進上｜求｜爵｜祿 荐聚也仍也席也 薦引｜舉｜待｜荐同 洊永重復也

晋｜國日出葦物皆進｜也 縉｜細仕宦之家 搢插也又｜笏｜紳 晉同晋｜猶進也

入〇

時 信言之必踐曰｜守｜有｜ 迅速也｜雷 訊以上问下曰｜案鞫｜ 汛｜地港之曰｜有｜官

英 印符璽也又地名｜度 應俗答言曰｜答｜

文〇 語〇

出 秤权也柴｜針｜厘｜ 稱同上 寒天氣嚴冷俗曰｜畏｜ 襯著身之衣曰｜陪｜

喜〇

君部上入聲

柳〇

邊必決也定也足也丨是丨然丨得筆別名毛錐丨鋒丨陣筆聿頭加竹曰丨紙丨毛丨同上觱風寒也又名笳羌

求吉祥瑞曰丨兆丨祥貞丨安丨佶壯也又健也正也橘似柑而小有甘丨甜丨大丨桔丨梗葯名結丨實丨子

去詰考問曰丨丨紬丨盤丨袺以衣貯物曰丨喆明朝曰丨朝姞人名譎權詐也欺也偽丨奸丨頡直項也又姓襭以衣貯物也

地得我自獲曰丨甚丨自丨皆丨淂俗丨字又水也

擷采丨捋取也挈東而持之持也曰丨又懸丮手持物也喫食阿唊也飲也吃言蹇難也又同喫

坡疋布丨成丨四丈為丨匹丨配丨耦又四丈為丨

他〇

增織經緯而成布曰丨丨布丨麻又丨女浙江丨地名關丨閩鯽丨魚似鯉而小其色黑脊腰丨寵丨人之背中也鶺丨鴒鳥也甚相親愛比之兄弟

瘠不豐曰丨丨土蹐踏丨小步也蜇虫螫行毒也

入〇

時室宮丨內丨家丨失得丨遺丨自丨又自我而棄之曰丨

英一類之始也第一惟丨專丨壹同上弌同上乙十干之甲丨東方木也憶不忘曰丨記丨又戀也

文〇 語〇

出七數也星|政

喜肸振也又响布也 盻視也

君部下平聲

柳聯綴合曰|對|蟾| 連同上相|牽|續也 鄰|國|鄉|里近也比也 麟麒|祥仁獸也| 燐人血為|鬼火為|又 鱗魚之甲也龍|魚|

綾|羅布疋之細者 磷薄石也又車聲|| 潾水漬貌 蹸車踐也 轔車聲多也 鰱魚名也

邊〇 求〇 去〇

地籐葛|草|瓜| 塵紅|世||埃

坡貧家計不足曰|困也 頻屢屢曰||年|仍 蘋水中|草也|藻采| 屏玉|圍|雀|幃| 瀕水涯也 顰東施效

他陳表其心事曰||情|說

增〇

入仁博愛之謂||心|德 人君子小人又人君仁|

時 辰每日十二時｜日｜時｜星｜ 晨昧爽曰｜清｜｜昏 神｜仙｜鬼又喜｜精｜ 繩頭｜準｜結｜索也 蠅多指蒼蠅動物名 宸北極星所在後借指帝王所居 澠古水名

譝譽也稱也舉也 娠女人有姓身動也 ⿸疒辰腹中痛病也 ⿸疒元同上

英 寅十二地支之一又恭也 演｜義｜説戲佈也 夤恭也敬也又｜緣 沿相｜｜江｜河 鉛五金之媒也

文 民百姓曰蔗｜四｜官｜ 眠睡曰｜夜｜安｜ 緡｜鑾鳥声也 岷蜀山曰｜山又｜嶓 泯水貌又盡也茫也 旻秋天曰｜天 珉石之美者

語 〇

出 秦嬴｜又姓又｜國 臣君｜人｜家｜ 蓁｜莽草盛也

喜 眩坐卧不安審視不定如乘船播浪之狀曰｜

君部下上聲

求 夯用力舉物也 肣鴨｜

增 盡物理之至極處曰｜｜力｜心｜忠｜職 儘同上又皆也

除求增二音之外上下俱係空音不錄

君部下去聲

柳〇

邊便 俗謂物件齊偹曰｜ 錢｜菜｜物｜

求〇去〇

地陣 兩軍對｜行｜列｜ 陳 同上 排｜

坡〇他〇

增〇

入認 視物看得定曰｜ ｜人｜物｜數

時剩 物之有餘者曰｜ 食｜分｜有｜

英暈 如卵截生則有｜又如杉 截斷則有｜又日｜月｜

文面 眉目口鼻生人之｜又人 心之不同有如人之｜

語〇出〇

喜現 凡眼前之所見者曰｜ 又錢｜物｜

君 部下入聲

柳〇

邊畢 事終曰｜ 事｜禮｜ 弼 左輔右｜ 斗柄星也 蹕 清道曰｜ 駐｜

俾 同上清止 行人也 篳 籬籓也｜ 門蓬户 韠 ｜韐佩削上下 飾也車栗也

求〇去〇

地直 不曲曰直其｜ 如矢｜臣｜道

坡〇他〇

增疾 ｜病也 又急也

入日 太陽也東 升西沉 趍 低首疾 趨也

時實 不虛曰｜有物亦曰｜信｜ 虛｜果木則曰結｜ 寔 同上 植 種｜物 ｜

稙 早種 也 翅 鳥｜魚｜ 猶翼也 埴 培｜培蘭 ｜桂 殖 貨｜興利 生財也

英逸 隱｜勞｜ 安｜ 佚 同上不勞也 俟｜安｜ 泆 浮放 也

佾 八｜｜生舞行列也 縊 絞也自｜ 嗌 險｜也 鎰 金每廿两為一｜ 溢 滿則｜充｜洋｜ 詄 忘也俣也 隘 險｜也 鎰 饋餉也 妷 婬｜

文 宓 深藏不露曰｜秘｜机｜ 傛 ｜傛律貌 滅 ｜息撲｜｜亡 烕 同上 盜 械器也 蔑 無也甚微也 薎 同上 衊 污血也 蜜 蜂吐曰｜甘飴也

謐 靜語也安也 宓 安也又姓也

語 〇

出 〇

喜 〇

卷二終

潮聲十五音卷三

鈞居歌光歸

庚鳩瓜江膠

16鈞部上平聲

柳○　邊○

求　鈞三十斤重曰｜又大也　均等也｜分平｜　觔十六兩曰｜　斤同上｜兩權也　根木也｜基｜木　筋｜骨肉之力也　巾布｜頭｜面｜

神同巾布帛也　跟足踵也｜從　肋同筋又音勒脅骨也

去○　地○　坡○

他○　增○　入○

時○

英　恩｜惠｜德｜愛受｜厚｜施｜　侊完也

文○

語○　出○

喜　欣｜幸｜喜歡｜　俽同上喜也　掀以手高舉曰｜｜天揭地　忻同欣｜喜貌　炘熱貌又光盛也　勳功｜有功於王室曰｜　曛夕｜日入餘光也

獯匈奴之號　薰香草也又｜風南風也　醺｜｜酒醉貌　纁淺絳也　爋映物也　熏以火炙物曰｜氣蒸也　勛功｜同勳

殷|裕富厚也|户 慇|慭委曲也 軒車也又自得也 蓒草名 仚輕舉貌 訢喜也樂也 壎樂器也 祆官名||从天為正

鈞部上上聲

柳〇 邊〇

求 謹慎以持己曰||慎 瑾懷|握瑜美玉也 僅畧也少也|此|有 槿木開花名朝開暮落 圽土壁也 廑小也又小屋也

去 懇切求也|求|情 墾新開荒地曰|開| 齦琢齒又齧也

地〇 坡〇 他〇

增〇 入〇 時〇

英 隱不顯者曰| 隐同上隱匿|士|居 嶾||山高峻也 尹令|官名伊也|人名又治 㥯惻|心慈也又依人也

文〇 語〇

出〇

喜 佷同很又地名|山縣 很戾也不听從也

鈞部上去聲

求 艮物有所限曰｜又卦名 覲諸侯朝君曰｜｜君入｜朝｜ 饉飢｜無谷曰｜飢無菜曰｜ 槿花名木｜朝開暮落 卺合｜交杯也 巹同上婚禮也

除求字一音之俱是空音不錄

鈞部上入聲

去 乞有所求也｜諸其鄰｜食｜丐

語 兀高也平也不動也 仡䜣｜不安也 杌木無葉也 扤動摇也 矹硉｜石崖不穩也 吃不利於言曰｜口｜食也 仡壯勇也又動舟貌

紇絲下也又人名孔子父也 訖完也清楚也完｜兩｜ 汔水涸也 迄至也｜令又竟也

除去語二音之外上下俱係空音不錄

鈞部下平聲

柳〇 邊〇 求〇

去 勤｜勞辛｜｜儉｜苦 懃慇｜委曲貌 芹水菜名採｜香 瘽｜勞病也 廑小屋也又同勤

地 塘池｜蓄水也 長短之對也 堂玉｜廳｜公｜祠｜大｜

坡〇 他〇 增〇

入○　時○　英○

文○

語銀金|白|錢|又白金曰|　鄞姓也又縣名　垠界也際也岸也　誾和敬也||如也　狺犬爭也　齗||辨諍貌　嚚不忠信也

齦齒根肉也

出○　喜○

鈞部下上聲

求近咫尺曰|不違也　囚的動也　儆獻呈也

喜恨怨|深|抱|惟

除求喜二音之外俱是空音不錄

鈞部下去聲　空音不錄

鈞部下入聲　十五字俱是空音不錄

17居部上平聲

柳〇 邊〇

求 居安之處曰丨住丨家丨閒丨 車丨馬兵丨 琚瓊丨玉也 裾衣後曰丨衫丨

去〇

地 猪豕之子曰丨又野丨山丨 豬同上

坡〇 他〇

增 書文丨詩丨經丨天丨讀丨 之語助辭又往也去丨何之 芝靈芝菌類植物 茲同玆 [衤茲]衿袂也 姿丰容丨色 錙錙銖較量 緇黑色也丨衣

淄水名其味甘 資天所賦曰丨丨質丨本 貲同上財也貨也又小罰以財贖之也 趑丨趄躊躇不進也 耔耘丨耕田也 咨事相語曰丨謀事也

孳生息也 嗞丨嗟歎辭 孜猶汲汲也 [禾茲]息也 粢丨稷也 諮問也謀也 輜丨重庫車也 餈麻丨稻餅也丨餻也丨漬也

入〇

時 思心丨追丨君子有九丨 斯於丨如丨時丨 㒋同上 廝役也使也小丨 私不公之謂也協丨情丨 [女師]女巫也 緦丨麻服也

偎相切責也切丨偲丨 師先丨師範 蒒草實可食 偲責也彊也又多才力也

英 於語助辭 扵同上

文〇語〇

出蛆夏月之水易生｜水虫也化為蚊

喜虛不實也空｜心｜墟大荒之地曰｜坵｜貿易之場曰｜埠｜噓吹｜聲也歔｜欷歎辭

居部上上聲

柳汝對人而稱之辭｜我爾同上｜為對面之人我為自己之稱尔仝你同上｜們為｜等我們為我等伱與汝爾尔仝伲又與上四字仝旅軍旅每五百人曰｜

膐脊骨也又心｜膂同上祣祭山川也

邊〇

求舉｜止｜動｜薦｜善矩規｜度也筥盛米器舁用力也兩人合作

去〇地〇

坡〇他〇

增子天子夫｜君｜父｜甲｜梓木名又子之道喬｜又｜里煮烹｜調羹也｜飯｜菜耔壅禾本也壅猶培也詩或耘或耔又芓仝

入耳審聽官｜目又｜孫又語辭邇近也蝦｜即遠近也璽符｜玉｜猶印戳也爾同尔與我相對曰｜汝州名又水名

時 史 ｜官記事之官也又典｜ 叟 同上 駛 疾也又馬行疾也

英 與 連類而及之曰｜相｜無｜ 與 同上又與同

文 〇

語 語 以辭答應曰｜言｜論｜｜氣

出 此 指定之詞曰｜如｜彼｜ 佌 小也 泚 水清也又鮮明也 鼠 ｜雀｜窃老｜田｜化鴽

喜 許 應納於人曰｜心｜可｜ 滸 水曲涯也

居部上去聲

柳 濾 漉去滓渣也

邊 〇

求 鋸 解木之鐵器曰｜｜杉｜柴刀｜

去 去 棄也丟也拋｜除｜又却也

地 〇

坡〇　他〇

增滋浸潤也漸也　恣｜意｜事　傳東方人插物於地曰｜　剚同上插刀曰｜又置也　漬漸之而入曰｜

入〇

時泗淮｜水名首州之川也　駟四馬一乘也有馬千｜　賜天｜惠｜皇恩所｜　肆於｜恣｜又逐也又市｜　泄仝上

英翳蔽也障也又目｜雲｜　瘀｜肉｜血　淤塗｜沙｜水｜溪｜　埉濁水中泥也　蘙草盛也　飫飽｜

文〇　語〇

出次｜第層｜｜序造次

喜〇

居部上入聲

空音不錄

居部下平聲

柳驢似馬而小曰｜　閭門｜慈望子曰倚門倚｜　顱頭｜謂之髑髏　爐山火也

邊〇　求〇

去 渠溝丨引水之處也 傢呼彼之稱曰丨 氍丨毹織毛為褥 衢街道也 癯瘠也 瞿驚視也姓也 璩玉丨环也

蘧丨麦又姓又地名 澽與渠同 籧粗竹席也 遽人名 蕖芙丨花名

地 除自加而減之曰丨又庭丨 篨竹席也

坡○

他 鋤農事也除草曰丨用其義也

增 蒢白丨番丨蘇木丨丨員丨粉丨干 薯同上地瓜曰蕃丨

入 而頰毛也又語助辭又發端之辭 侕眾多也 輀出柩曰駕丨

時 詞言丨文丨語丨凡語言曰丨 祠廟也文丨祖丨公丨又祭也 嗣繼也後也立丨過丨 辭與詞同訟丨文丨

英 余自稱之辭又姓 予同上舒也又 畭治田三歲曰丨 餘額滿之外曰丨學足三丨歲丨晴丨日丨不遺丨力 輿車箱曰丨又肩丨鑾丨乘丨堪丨 璵璠丨美玉也

文○ 語○

出 疵凡有所玷曰丨小丨求丨瑕也 玼玉色鮮明也 磁丨器丨瓶瓦陶之類也 慈婆心也丨愛丨母丨悲 徐姓也 滋潤也

呰小腸也 瓷瓦器也同磁 雌鳥之母也丨雄又陰陽也 礠丨石能吸鉄又丨仝 髭口上鬚也 鴜同雌又丨雄鳥匹也

喜魚 鱗屬曰｜由水所生也 漁 捕魚之人曰｜｜舟｜翁｜人

居部下上聲

柳呂 律｜陽｜陰｜又姓 侶 友也伴也朋也蘇子｜魚蝦而友麋鹿 慮 心有所思也遠｜憂｜過｜

邊〇

求巨 物之大者曰｜如｜萬｜資 鋸 同上大也又剛鉄也 詎 反說之婉者曰｜｜知｜能｜非 拒 手與手禦曰｜｜敵｜捕抵｜ 距 彼此相離之處曰｜相｜猶相隔

倨 不遜之意也｜傲 踞 磐｜蹲也坐也 据 拮｜手足並作也 遽 迅疾曰｜急也卒也 據 把持曰｜守也憑也 ⿰扌處 同上憑｜ 躆 與據同用

炬 火燒也 醵 ｜者合錢飲酒也

去〇 地〇

坡〇 他〇

增自 指己而言曰｜｜立｜高｜強

入貳 守一不二志之堅也 膩 肥｜肢｜ ⿰亻貳 副益也 二 猶貳也 樲 酸棗也

時士 四民之首也賢｜志｜文｜ 仕 為官為宦曰｜｜宦｜途出｜ 似 相若曰相｜ 事 ｜君｜親服｜猶伺也 姒 娣｜兄弟之妻相謂也猶妯娌也 祀 祭｜祭神也

粨耒丨田具也又相仝 俟待也 伺服丨候也 涘水墩也 笥竹箱也

英 預逆料其將來曰丨防丨干丨丨知丨備 豫悅丨遊丨安也樂也 譽丨美名丨毀丨 嶼島丨海中山也 籲眾聲齊號也

文〇

語 禦抵丨相丨丨敵 御使馬曰丨侍丨丨車丨寒 馭馬丨曰丨馳丨丨馬駕丨

出〇 喜〇

居部下去聲

地 飭飯具也牙丨銀丨竹丨 箸同上又淚白玉丨

時 事國丨家丨天下丨世丨關心者曰丨 伺偵候也久察也

英 歟語助辭

語 御天子所用之事曰丨如丨殿丨前丨駕丨軍

除地時英語四字之外上下俱係空音不錄

居部下入聲 空音不錄

18 歌部上平聲

柳 帤 巾也又弓中褌也

邊 波 風丨水丨丨紋清丨 玻 丨璃似晶 菠 丨蘿麻苧 岥 山丨

求 哥 弟稱兄曰丨 歌 長吟曰丨行丨長丨 膏 脂丨藥丨澤 糕 丨餅丨鹿又餻同 篙 竹丨持丨揭丨又竿

去 戈 干丨丨矛 苛 丨刻丨求丨政 柯 枝也斧柄又執丨伐丨又法也 軻 東接軸也又姓 ⿰亻過 美也 哿 可也 珂 次玉也

坷 坎丨不利也 撾 打也丨門 訶 責也

地 多 眾丨幾丨丨少三丨 刀 切物用丨剛丨創丨 侈 姓也

坡 坡 丨塘山丨又地名新加丨

他 胎 在腹為丨三月成丨胚丨

增 傞 丨丨醉舞貌

時 梭 丨以行緯也金丨擲丨 疏 親丨丨密通也遠也 踈 同疏又稀丨 娑 丨丨舞容也 蔬 菜丨果丨 仯 行也又舞不止也 唆 間丨杠也

英 窩 丨藏燕丨曹丨盜丨 妿 女子師也 媧 女丨氏 漪 水波紋也 猗 歎辭 阿 大陵曰丨比也曲也 痾 沉丨病也

文摹有所規倣曰丨倣也寫也 摸同上 麼么丨甚小也尛仝 摩妍心曰丨舞手曰丨 魔鬼從人生之謂丨妖丨 尛么小貌

語〇

出初凡物之起始曰丨 葷魚鮮皆丨丨辛菜也

喜呵丨丨笑貌又怒也

歌部上上聲

柳裸赤身曰丨 羸同上赤身也 婐侍也女 蠃蜾丨青虫也 磂藥名樟丨

邊寶珍丨惟善為丨 保丨輔丨障丨家丨人 堡都丨區別也地丨 宝同寶小寫

求稿起丨信丨文丨呈丨 犒賞也勞也丨軍丨勞也 縞白色布帛也丨衣丨素也 蜾丨蠃蜂負之以為子 藳枯木也又草丨稻丨枝丨枯 槁枯木也

去可許之之辭丨否

地倒仆地曰丨丨眼跌丨 短不長也分寸曰丨日丨夜丨

坡跛丨足行履不正也 蹞同上足不正也 叵不可也人心難料曰丨測

他討治有罪者曰丨征丨又索也 妥安置得穩曰丨丨當丨貼 唾口液吐之曰丨 婧艷美也

增左 同坐之人長邊曰｜ ｜右又不正曰｜ 阻 窒碍曰｜爭 ｜路｜｜隔 俎 ｜豆祭禮 之器也 棗 木名有實紅 ｜黑｜大｜ 入〇

時所 確指其處曰 ｜公｜寓｜ 鎖 管約得緊曰 ｜関｜鉄｜ 貟 ｜屑細 小也 瑣 繁碎曰｜ ｜屑｜碎 惢 疑也心不一曰 ｜不則疑矣 嫂 俗呼兄之 妻曰｜

謏 妄言 也 所 所同

英襖 長袍曰｜ ｜袷

文母 稱所生者曰｜父｜ 三父｜親又子｜

語我 正音 曰｜

出楚 叢木也又荊棘也又 長｜又｜國又清｜ 礎 基｜基石 ｜潤則雨 儊 不滑 也 憷 痛 ｜ 草 正音字 有真｜

喜好 和｜相｜又 美也善也 孜 同上

歌部上去聲

柳⿰忄愚 人情愚魯者俗 曰｜用其義也

邊報 告之使知曰 ｜捷｜塘｜ 报 同上｜本 ｜恩｜答

求告 以事稟官 曰｜告狀 塊 大｜天 地也

去顆小頭也如珠一粒即謂一丨

地戴姓也虛說文何丨俗曰治丨又掃地則曰掃丨

坡桴魚網在水面之木器曰丨

他退進丨在前曰進在後曰丨蜕蛇蟬所脱之衣曰丨

增做凡所為之事曰丨丨事丨親之類作說文丨也

入〇

時疏丨書丨文上丨

英澳海邊之港曰丨有四丨又有七丨

文〇語〇

出錯凡事之悮者曰丨差丨作丨行丨磋如切如丨丨磨也糙脫殼之米曰丨米

喜訛不實曰丨音丨傳丨虛丨秏凡物鎖鑠曰丨大丨小毛吪動也化也嗬慢應曰丨蝠蝙丨俗曰丨訶丨叱怒言也

歌部上入聲

柳〇

邊 駁 以言相質曰丨 丨問辨丨

求 閣 樓丨內丨 台丨殿丨 擱 事有阻隔曰丨 延丨被丨湛丨

去〇

地 卓 獨出其類曰丨 丨丨立丨見 硺 凋丨丨玉 丨磨也 桌 凡案之總名也椅丨 琢 雕丨如丨如磨 棹 椅類 啄 禽鳥食物曰丨 倬 着也大也

築 造作也丨土 丨屋丨穴

坡 粕 糟丨渣滓也 朴 木名丨枳 厚丨

他 託 信任之曰丨 丨人囑丨 托 寄丨付丨 丨事 ⿰亻席 寄也 毀也

增 作 俗傭工曰丨 丨工丨堤

入〇

時 索 繩丨草丨 麻丨苧丨 雪 雨凍而為丨 落丨埽丨

英 阨 氣逆也 難 說文事之不易者曰丨

文○ 語○

出 撮 揀其要者曰丨又小許曰丨 蕞 小貌

喜○

歌部下平聲

柳 羅 以絲罟鳥曰丨丨網又紗丨 覶 遭丨又丨害丨禍 牢 丨獄囚禁罪人之所又牛曰太丨 倴 粗也大也 囉 嘍丨聲也 鑼 銅丨樂器也鳴丨

儸 僂丨幹辦能事之稱 啰 丨叨多言也 蘿 蔦丨藤類牽丨 騾 驢丨似馬而小也嫘丨祖人名 螺 旋丨田丨又婦人丨髻 邏 巡丨偵也繞也

娜 嫋丨美貌也 贏 同騾 驘 同騾 儺 古鄉人丨逐疫也 懦 怯弱曰丨一音儒仝 偄 同上柔弱也 椰 栜丨木名有實

邊 婆 俗稱老婦曰丨 皤 山大而平貌 皤 素白也又腹

求 過 正音 撾 丨皷丨門敲也擊也

去○

地 迯 走匿也 逃 同上丨走丨匿 萄 楊丨果名

坡○

他 桃丨李果名有實 它長虫也 佗負荷而行又委丨美也 迱逶丨行貌 陀陂丨險阻 沱滂丨大雨也 牠牛無角也

跎蹉丨失足也 鮀魚名 駝似馬而高且大 鼉介虫也

增 槽猪丨馬丨 曹姓也

入○ 時○

英 荷丨花丨葉即蓮也 蠔海中石所生也丨鏡丨珠

文 謨良丨楷丨嘉丨 毛在首曰髮在身曰丨 模樣也式也範也 嫫丨母醜婦黃帝妃 漠沙丨地名又廣也 蟇蝦丨濕虫也 謩同謨謀也禹丨陶丨

無有丨丨與无同 毋同無止也

語 莪蕢丨蓼丨蘿蒿也 娥嫦丨嬌丨又丨眉 峩巍丨山之高也 蛾蠶丨虫也能化蝶 俄丨頃須臾也 禺區丨又番丨縣名 隅邊地也角也荒丨海丨

愚不慧之謂也丨愚魯 虞涉也犯也防也 梧丨桐木名 騶仁獸也 鵞畜名又名舒雁

出 鋤農具也又丨月種梅 磋以石磨之也 挫折也頓丨又丨其銳 銼同上又鍑也釜之大者 耡耕丨農具也

喜 何無定所指也丨人丨事丨故 河江丨水之道也

歌部下上聲

柳	二	數名也俗曰二｜對也
邊	〇	
求	個	正音曰｜物之數也
去	〇	
地	在	無他往則曰｜｜家｜國｜世　惰不務事業一味好閒曰｜　朶｜雲｜花成片成｜　婷量也美好也
坡	抱	兩手齊合曰｜　裒同上
他	〇	
增	坐	｜位敘｜正｜傍｜　佐輔｜王｜之才尤助也　助以力｜以財｜有｜麦又｜嬌　坐有也安也　袏以衣包裹也
入	〇	時〇
英	卧	掩息也小｜斜｜　荷負物也｜勑｜蕢
文	暮	日入時也薄｜日｜　墓古｜祖｜坟｜塚也　慕思｜仰｜揣｜
語	遇	不期而｜相｜路｜　寓｜所寄｜｜　晤｜昧醒｜｜知　悟知也覺也　寤同悟知也

出〇

喜　和 正音唱丨　咊 同上

歌部下去聲

柳　怒 憤發於聲色曰丨發丨大丨

邊〇　求〇

去〇

地　代 世丨一世為一丨又朝丨有前五丨後五丨　袋 布丨麻丨草丨皆以盛物也

坡〇　他〇

增　座 屋之一落曰一丨又丨山丨主丨客

入〇　時〇

英　呵 歎氣也

文　望 舉首觀之曰丨期丨貯瞻丨　模 樣也範也物丨貨丨　磨 石丨牛丨挨丨　帽 首衣也冠也紗丨緞丨風丨　磑 同磨通書每有丨字

語餓不得食曰｜飢｜腹飢也

出盛俗以器皿盛物曰｜用其義也

喜賀與人誌喜曰｜慶｜號以之名物曰｜名｜別｜字｜号同上

歌部下入聲

柳落自上而下曰｜失｜下｜落｜駱｜駝似馬而高大

邊薄輕｜淺｜浮｜金｜錫｜厚｜泊船附於岸曰｜停也宿也箔簾幕也鉑金｜也

求〇　去〇

地擇｜其善者而從之｜友｜師｜言奪爭｜搶｜｜元｜錦｜標

坡〇

他駝駱｜似馬大且高

增絶物之盡處曰｜斷｜盡｜

入〇　時〇

英 學凡所習之事皆曰｜｜堂入｜進｜出｜ 習學｜｜藝俗曰｜即此｜字用其義也 効學習效俗曰｜皆試驗之義也

文 幕凡蔽障者曰幃｜帳｜屏｜ 冪以巾覆物也 膜肌｜隔｜ 募廣求也｜化｜勇｜軍

語 ○ 出 ○

喜 鶴白｜化｜騎｜｜冠 隺同上

19光部上平聲

柳 ○ 邊 ○

求 光天有三｜又燈火之｜ 觀｜望｜看仰｜ 關｜鍵｜柵｜係｜心｜鎖 冠｜纓｜帶｜冕 棺｜木｜柩 倌王駕者 鰥｜寡老而無妻者曰｜

僙武貌 喧｜｜和鳴 胱膀｜水腑也 觥飲器也一｜七升 侊小也 姯女色也

去 寬｜宏｜廣｜濶｜大 肱股｜按手宛曰｜ 傾｜側｜瀉 圈平圓也又匝也 棬木屈也

地 端正也｜方｜嚴｜正 偳佽｜小也 媏女子也

坡 藩｜籬屏｜｜鎮｜台 墦郭外之冢 蕃茂盛也｜衍 幡旂｜也 璠｜璵美玉也 皤白髮也又番同 蹯獸足熊掌也

鄱｜陽湖名 燔｜灼焚也 膰祭餘肉也 繙火熟也

他〇

增 專 誠一之心曰|一|主|件 耑 端也物初生也 圌 判竹圍以盛谷也 惴 ||憂懼也 湍 流急也 顓 |頊又謹貌 腨 脚肚也

諯 相讓也 遄 疾也速也

時 宣 布露曰|又|講|話 暖 大目也 萱 |草可忘憂草也|花|堂椿| 煊 火盛貌也 瑄 璧六寸曰| 喧 |譁|嚷||閙

諠 詐也忘也囂也 暄 暖也寒| 煖 同暄溫也 諼 同諠詐也忘也 塤 樂器也一音熏

英 汪 ||水深廣大也|洋又尩同 淵 水深也如臨深| 囦 同淵 婣 |戚姻親也 灣 |環轉|曲也 彎 |弓|曲

欒 木曲也 蜿 負屈不伸也嗚|伸| 薨 諸侯死曰| 鴛 |鴦鳥也

文〇

語〇

出 川 山川百|大|江河也 穿 |鑿|衣|通

喜 風 天地之氣也|雨|雲 歡 心神和懌也|喜|心 番 蠻人曰|又獸足也 翻 翩|飛貌|身|覆 方 四|端||寸|圓 芳 聯||菲芬||草

荒 大||洪||開||坧||地 肓 膏|心上高下也 幡 幢|旂屬 讙 |聲諠譁也 驩 和樂也又人名馮| 謊 說|梦言也 慌 忙也|忘|惚

憣 心變動也 坊 邑里名

光部上上聲

柳
暖 溫和之氣｜也日｜氣
煖 火氣溫和曰｜
餪 ｜酌無事｜酌
餪 女嫁三日送食曰｜

邊 〇

求
廣 寬濶曰｜｜額
晉 所治曰｜｜轄｜正
館 食所曰｜酒｜歌｜
舘 旅舍曰｜｜舍客｜
管 竹器也又人名｜仲
綰 繫也
琯 玉器也
脘 肺腑也
盥 洗也｜手｜洗
耿 ｜｜不安也
炯 光明也
迥 ｜殊｜別言其異也
熲 光明也

去
頃 百畝為｜又萬｜｜刻
欵 曲表也誠也
款 操識之條目曰｜｜式該｜歸｜
擨 捉持也
綣 繾｜意厚也
蘱 草名

地
短 正音長｜

坡 〇

他 〇

增
轉 去而復回曰｜反｜回｜
囀 啘｜鳥聲也

入
纂 集而成篇曰｜緝｜編｜

時
選 揀｜萬｜
爽 明也昧也
爽 ｜氣開｜
顙 叩首及地曰｜稽｜

英
宛 不敢直陳曰｜詞｜意｜
苑 天子之圓曰上｜上｜翰｜
菀 ｜花紫｜草名
倇 勸也歡樂也
腕 手足之屈處｜曰｜手｜脚
婉 ｜轉｜酌不敢直陳之謂也

枉 不直曰｜宨｜ 往 ｜者已去之謂過也 夗 卧轉也 妜 女子稱我曰｜ 娼 體德好也 浣 濯也｜紗 澣 同浣月有三｜又洗也

誑 飾詞欺人曰｜騙｜ 皖 地名｜城又明也 莞 笑貌｜納 睆 窮視貌 筦 蒲席又灯心草也 琬 圭有環曰｜ 蟯 虫類形似龍也

謊 從也慰也 剜 ｜肉割也

文 罔 ｜極無｜ 妄 不知而作之曰｜ 嫚 侮｜輕｜ 僈 舒遲也 魍 山川之神也 曼 引也長也廣也 誷 誣也

懣 忿｜極怒也

語 玩 ｜賞遊｜寶｜ 阮 姓也｜郎 沅 ｜江水名 翫 習厭也狎也

出 喘 息急也 闖 賊名李｜

喜 反 ｜變｜正｜復｜ 返 回也往｜｜旆 仮 不順也 阪 澤障也 彷 ｜彿不定也 倣 ｜式｜法 舫 船也又舟師也

髣 ｜髴猶不定也 昉 ｜彿視之不明也

光部上去聲

柳 戀 繾綣之意也心｜依｜ 臠 生肉也 卵 ｜生禽鳥一類也 孌 美女也 孿 双產也

邊 兆 小兒角總也 拌 凡物使其均勻曰｜

求 貫穿也｜串成｜ 鑽同上穿也 慣事之常｜作者曰 眷｜屬家｜｜顧 券案｜書｜貨｜ 灌用水於田曰｜漑 觀寺｜庵院也

罐瓶類也 冠科首也｜軍男子己｜未｜ 爟日中取火也 鑵古玩汲器也 顴輔骨也兩｜ 鸛｜鳥將雨則鳴 祼以酒灌地也

去 壙為納棺之位曰｜ 礦開山取寶曰｜開｜｜產採 曠空廊曰｜｜野｜地 鑛同礦｜務甚巨 況發言之辭也｜乃｜且｜夫 況寒水也又溢也

貺謝人所惠曰厚｜ 纊棉紗絲之類 ⿰足廣遠也 獷楚｜犬也又獼猴也 丱金石之樸曰｜同礦

地 煆以火鍊物曰｜又｜鍊 碬同上｜鍊 鍜治五金皆曰｜鍊也 斷官府審｜曰｜獄 ⿰扌叚打也捶也又擊同

坡 判堂｜｜斷｜語｜文 泮士人入學曰｜水 姅濁婦也 絆馬縶也羈｜ 拚棄也

他〇 增〇 入〇

時 選官場有任缺則曰｜未定缺曰候｜

英 怨｜恨多｜婦人夫壻不在家則有閨｜

文〇 語〇

出 串貫｜直｜｜珠 爨兄弟分食曰分｜別｜ 篡逆取曰｜奪也 爨烟火也 攛｜掇誘人為非也又擲也 竄逃｜走匿也

⿵門口門小開以窺望猶窃視貌

喜 煥如火之丨然光輝也明也 販作商曰負丨丨貨 幻以偽風真曰丨化也丨術丨境 訪尋問所在曰丨探丨丨問丨友 奐大也文也 放按東不真曰丨丨浪丨心丨肆

喚呼丨叫丨又嗳仝 仉征也相薄也相輕也 泛丨舟丨宅丨湖范蠡丨湖 汜同上丨濫 瑍玉有彩色也 渙丨丨水盛貌 坂墟埠也

昄田疇 㤆性急也 汎任風波之自縱曰丨詩亦丨其流丨浮也 換以物易物曰丨相丨 𤵸癰疽病

光部上入聲

柳 閱觀丨簡丨丨歷丨卷 劣優丨鄙丨少丨 埒短垣也又等也 鋝兩數也按丨六兩 捋撮取也

邊 〇

求 決水流曰丨又宰丨斷也 訣臨別贈言曰丨丨別又法也 廓城丨又開也虛也廣大也 槨棺丨宜稱又椁同 眓丨目視也又怒視 玦玉丨佩玉如環

括以手取物曰丨囊丨包丨 夬卦目名 䀏目深也 鞹去毛皮也 駃丨騠良馬也 刮削也棓把也 鵙名鳥五月始鳴一名伯勞

聒聲擾也

去 擴丨充以小及大以近及遠也

地 〇

坡 撥捩開又轉也發也除也 潑澆也散也 襏雨具也

他○

增拙鈍而不利曰｜巧｜守｜工｜絀短促也咄｜｜怪事又相謂也茁肥貌如牛羊｜壯出一音拙雪花飛六作拙

入○

時朔每月初一日為｜｜望｜風合｜槊矛也曹操橫｜賦詩又棊｜

英曰昔人之言曰｜如孔子｜｜言也斡旋也轉也運也柄也乞曲也如手曲曰｜

文○ 語○

出啜多言不止也嘬同上多言也又嚱同輟事常中止不能連絡曰作｜叕相連不斷曰｜⿰叕出凡物之短而不長者曰｜又作｜

諁言多而不止者曰｜餟人貪食者曰徒餔｜惙多憂也嘬共食之也又嚙也嚱同啜飲也掇拾取也如手拾物然歠同啜飲也

喜發机動即｜｜韌｜達髮身體｜膚頭｜法範也術也設｜教｜治｜王｜㳒古｜同上

光部下平聲

柳鑾｜駕金｜｜輿君車四馬八｜鸞｜鳳禽鳥之至貴者巒｜頭山之峰也峰｜層｜欒｜木猶木之貴者黃木赤枝青葉也⿱䜌巾巾帶也

邊○ 求○

去狂 不審是非曰｜｜士｜言｜徒 侹 ｜｜遑處貌 權 任其主宰曰有｜｜柄｜勢兵｜國｜利｜又枰曰｜而後知輕重 瓊 美玉又州名｜州琼仝

蘐 ｜芽香草也 㷀 ｜｜無兄弟也 鬈 髮好也 藑 姓也 益 盌也

地〇

坡磐 山之谷也｜石｜谷 磻 ｜溪太公釣魚處也 蟠 ｜龍｜桃 槃 ｜桓自得貌 [足般] ｜足又屈曲也 媻 小妻也 鞶 大帶也

蹣 ｜跚足跛也又旋行也 瘢 瘡痕也 䈲 捕魚笱也可入不可出 般 ｜桓不進也｜樂遊樂也漢書｜師則讀為班 弁 ｜樂也詩｜彼鸒斯

他傳 相｜｜受｜說｜家 團 ｜圞｜圓｜體｜結 䭡 水｜飯｜又同上 摶 以手圓之曰｜｜圓 [虫團] ｜魚即鱉也 漙 露水多也 鷒 鷒｜鳥能射人也

增泉 正音｜州府

入〇

時旋 ｜机｜轉周｜榮｜錦｜ 璇 ｜玑玉衡也 璿 美玉也

英王 帝｜君｜霸｜賊｜眾所共尊者曰｜ 完 ｜訖｜全｜備｜固已絕曰｜不缺亦曰｜ 袁 姓也 緣 因｜貪｜募｜｜故又衣之邊飾曰｜

椽 屋楹榱桷也 猿 ｜猴蒼｜又猨仝 員 伍｜人名也 轅 以車為户也曰｜門軍衙也 魭 魚名

文亡 去而不返曰｜逃｜｜記遺｜｜命 忘 不能記憶曰｜｜記遺｜

語 元原氣之始曰丨又科名之首曰丨 原廣平之地曰丨物之所自曰丨 源水之始出曰丨發丨探丨丨頭 顏丨容丨色天丨姿丨 嫄姜丨郃國女也 黿介虫鱉之類也魭仝

頑愚也痴也冥丨丨固 沅丨江水名 魭丨魚鱉類 謜言語徐丨也 园圓也

出 全凡物完而不缺者曰丨全美丨備完丨 痊病之已除曰丨丨癒 筌取魚具也又荃同 詮解喻治亂之體也

喜 皇王之大者曰丨如丨帝三丨五帝 煌輝丨光耀也 偟視物不明也又仿丨 惶丨恐丨惑愴丨 媓堯妃之母也 艎渡津之船舫曰丨 隍城丨又虛丨地也坑也

遑丨丨不遐也又急也 還往丨返也轉也 繯繩索也投丨自盡也 儇惠也利也又疾也 寰天子封畿內縣也又丨字 樊姓也 礬石類也又药名

礬同上青丨白丨 矾又同上可以染黑色 梵丨堂庵院也丨灯 簧笙丨蕭類樂器 璜玉丨半璧也 桓威武貌又表也又木名 垣基界邊疆也城丨省丨

衡權丨量度也平丨玉丨 繁盛多也浩丨丨盛丨費 防丨禦丨害又妨仝持丨 鬟垂丨女童也 凰鳳丨鳥之王也 篁笙丨樂器也 蝗丨虫害苗者也

煩不簡也丨勞操丨 凡常也庸也丨塵丨人 [足睘]疾跳也蹮仝 [土睘]墻堵也 鐶可貫繫者曰丨手丨 蘩蓬蒿也 瀿水暴溢也

鍰金每六兩曰丨 圜圓也週也 譞惠也智也 姮丨娥月中神仙女也 黌丨宮學宮也 潢畜而不行之水名也 徨徬丨心不定貌

婪貪丨也 惏同上

光部下上聲

柳 亂不治曰丨擾丨造丨 乱同上丨臣賊子

邊	叛不服曰丨反丨
求	倦懈也疲也勞也 惓丨丨謹貌 踡丨跼不伸 豢豕也芻丨畜類食草曰芻食穀曰丨
去	〇
地	斷不能接續曰丨折丨丨絶 篆古之字文曰丨丨字丨書 瑑圭璧有文曰丨 彖爻丨
坡	〇
他	〇
增	撞物與物觸曰丨丨鐘 狀形狀丨貌 饌食品曰丨供丨撤丨 撰造作曰丨整丨辦也丨文杜 孱謹也弱也 僎具也又錢丨
入	〇
時	〇
英	旺明也美光也興丨丨相
文	望名丨月丨人名丨父 朢同上雅丨 漫水大也大遠也 蔓丨草丨草難除 幔帷也椅也 饅丨頭麪粿也 慢惰也
語	愿心之所服曰丨情丨 願同上甘丨心丨自丨 傆點也凡事之善悟者也
出	〇
喜	宦出仕為官曰丨丨官丨途 佢同上丨遊丨家 凡撮括也又皆也 范草名又姓丨氏 氾與泛同 患病也憂丨丨難

犯避之不得曰丨丨罪 範謨丨師丨丨圍 笵同上 豢以谷養畜也

光部下去聲

地 叚正音

時 璇寶石也有水丨火丨其光彩四射又丨璣

文 萬一而十而百而千而丨 万同上十千曰丨

除地時文三字之外上下俱係空音

光部下入聲

柳〇

邊 拔超丨提丨丨貢丨元 孛彗星曰丨星又土星也 倖强也很也 勃卒也丨發丨然變色 浡興起也 渤丨海水名 鵓鳥名也

悖丨逆也 跋丨涉謂行路之難也 焞蒸熟也 茇草根也 誖亂也逆也乖也 魃乾旱之神也 艴丨然變色怒也

祓除災求福也 韍蔽膝之服也

求〇 去〇

地 奪正音丨科丨元

坡〇 他〇

增 蜀四川地名也又葵虫 濁清丨重丨者為地 燭同上 濯丨洗丨足 躅躑丨

入 悅喜丨相丨心丨意丨 說同上又人名王丨

時〇

英 粵曰也發端之辭又審丨慎也又地名東丨西 越相隔也丨宿隔丨逾丨 獲得也丨利捕丨擒丨 鉞斧丨 鑊飯丨也 穫刈禾也

劃刀砍声 濩烹煮也

文 末始丨本丨丨猶終也 茉丨莉花名 秣養牛馬谷也

語〇 出〇

喜 伐丨木丨柯又征丨 穴山之竇也上古丨居 乏盡也窮也力丨困丨 罰刑丨賞丨 坹深窒也 泬水從穴出也 妭婦人之貌又好也

筏編竹渡水也 閥丨閱自序又左右門也 偺無憚也

光部與上部同字重音不再錄

20歸部上平聲

柳 鏍 洋人多用銅丨即銅錢而無孔也

邊 卑 尊丨而丨猶下也 悲 慈丨傷丨含丨

求 歸 回也返也去而反也 奎 丨星丨璧 圭 上圓下方曰丨形又丨璋 規 丨模丨矩丨章 䂓 同上準繩也 窺 小視也丨視丨豹 珪 丨璧玉名也

閨 深丨女子之室也 刲 刺也割也 闚 同窺小視也 皈 同歸僧謂三丨 嬀 舜姓又水名 畦 五十畝曰丨又區也

去 亏 不全也盈丨丨缺丨本 虧 同上如月之缺也 開 丨門丨窗

地 追 丨達丨趕丨日丨隨 坡 〇

他 梯 樓丨竹丨木丨帆丨雲丨

增 隹 鳥之総名也 錐 銳也利也兵器也 椎 鉄丨丨銕又槌也擊也 睢 目視也又關丨仰視也 萑 益母草也又草眾多貌 鵻 與隹同鳥丨也

時 蕤 葳丨草初萌芽也 甤 同上草芽也 雖 設兩之詞丨然丨是 蓑 雨衣棕丨 倠 他丨 婑 美貌也 綏 丨安也

緌 系冠纓也 荽 香草也 縗 喪服也

英 威 丨猛丨權丨風丨嚴 葳 丨甤草初生也 醫 丨士丨官丨生名丨 逶 丨迤行遲也 衣 冥丨曰丨 喂 恐也

文○ 語○

出 崔｜嵬山高也又崒仝 催促也迫也 推｜捉｜敲 隹｜促相｜ 摧｜挫｜折｜殘 嗺撮口也又高貌

喜 非是｜又非洲｜常 菲芳｜茂盛貌 輝光｜｜煌 煇同上火光也 暉日月光也 翡｜翠青色鳥也 揮指｜揚｜｜毫

扉門也柴｜蓬｜ 蜚臭惡之虫也 妃宮中之侍女也 麾｜下誦武官之詞 騑驂馬也 徽美也又名國之旂號曰國｜又地名安｜

騛駿馬也又馬逸足曰｜ 霏細雨｜｜ 婓｜｜往來貌 ⿰魚飛海魚有翼乘風飛天 翬大飛也

歸部上上聲

柳 蕊花未開時曰｜ 惢｜滯也 畾田間也 壘積土成｜又軍｜營｜ 儡傀｜木偶也 耒耜柄曰｜｜耜負｜ 傫懶也懈也

倈｜亞也 味以言相遮也 儽懶懈也又病也 誄｜祭又衰死而述其行也 絫增益曰｜又累同 磊石眾也又｜落 纍索也繫也纏繞也

蕋｜珠宮仙境也 櫑酒器也 罍酒器又盟器也 ⿱竹畾竹器也又籃｜ 累積也增也 餒腹中飢也 娞娘也好也

邊○

求 鬼｜神人死曰｜ 傀｜儡木人也

去 簋盛黍稷之方器也簋｜ 晷日｜日影也焚膏繼｜ 軌兩轍之間有鉄｜道法也則也 宄姦｜也 詭詐也｜譎

地 撦攝而使之長曰丨拖丨 坡 ○

他 腿两股曰丨手丨脚丨猪丨火丨 骽同上

增 水金生丨雨丨泉丨洪丨

入 唯順答之言曰丨丨

時 水正音淡丨地名

英 偉奇丨英丨丨人 緯經丨經直而丨橫也 葦草名達摩一丨渡江 渭丨河水名太公曾釣于丨 委積聚曰丨又委員差丨 倭謹也順也

萎凡草木着地其葉則丨 偎愛也 煒光明也 猥丨瑣也 煨以火燃物也 猬事多曰丨務 蝟同上丨務

蜲丨蛇也 [衤畏]衣垢也 暐日光也 諉言託也 喟丨然歎声 [言有]呼人也 緌冠上飾也

痿病也不舉之謂 餧飢也飼也丨馬 喂丨馬

文 美物之尤者曰丨 亹同上

語 ○

出 毳獸毛細可製裘褥 竁穿地也 惴自丨問心也又憂懼也 揣丨摩也

喜 斐|然成章 毀|謗|譽操| 匪竹器也又賊|羣||徒 卉花|萬|木| 菲|薄也 痱風疾也 虺蛇也詩維|維蛇

螝同上|蛇也

歸部上去聲

柳〇

邊 沸水將滾則有|又如小兒夏月多生|

求 貴士人名成則|又王|乎士|乎 桂蕫|蘭|又清花| 癸十干之名壬|屬水 䝿同貴又|賤 季孟仲|又|人名

去 氣人之|息出入俗曰| 季春夏秋冬一年四季

地 對一双曰成|匹偶曰一|相問曰|面 碓春米曰柴|用水激之自動曰水|

坡 屁人之下氣道俗曰行| 他〇

增 醉酒|酩酊大|

入〇

時 歲正音曰|

英 畏 恐也驚也可丨甚丨 謂 指而言之曰丨何丨所丨

文 口 無恐曰丨是猶不怕也 語 〇

出 嘴 口也可入而不可出也 口 同上食從丨入言從丨出 碎 破丨瑣丨煩丨 翠 翡丨鳥名又青綠色也 脃 不堅也 脆 柔軟也甘丨又脃仝

粋 純丨下什也 喙 口也

喜 肺 心丨臟腑也丨如華蓋 廢 半途而丨不成器之物曰丨 費 丨用斯丨繁丨 諱 俗有讀作丨忌丨犯丨 市 祭服也 剕 刖足也

歸部上入聲 空音不錄

歸部下平聲

柳 雷 震為丨地風發洩也天丨地丨五丨又丨州又丨同 縲 丨絏拘攣罪人之索也 擂 研物為末俗曰丨 羸 老而瘦也

邊 肥 貌豐曰丨丨膩丨瘦 俷 敗也皆也 淝 水名晉謝安謝石大敗苻堅于丨水又合丨

求 跪 正音

去 葵 丨花丨扇丨向傾日 帹 丨者度也先聖後聖其丨一也 逵 通道也 暌 日入也又違也丨違 倸 左右內視貌 夔 丨龍又獸也

夔 同上又舜之臣名 闋 樂終也又服滿也服丨又隙也 朕 丨醜也 馗 頰骨也又人名鐘丨

地 鎚煅鍊也 搗以石丨物土音曰丨原音擣

坡 ○

他 槌木桿也竹丨柴丨 增 ○

入 維繫物曰丨 帷丨幕也帷帳也 惟心無旁友曰丨丨是丨有

時 誰無定為何人丨曰丨阿丨是 遂凡事成就曰丨丨心丨意 隨從而不違曰丨丨身丨行唱丨 垂在上懸下曰丨丨釣丨綸君子創業丨統 隋六朝國號有丨朝又有丨珠

倕重也又垂同 陲危也邊也疆界 燧金丨木丨皆可取火 隧地道也左傳鄭莊公與母丨而相見 繸殮也

英 圍環也周也合丨又口仝 為行丨施丨因丨又為仝 媯姓也 違相背曰丨久丨相丨 幃帳丨紗丨羅丨以之別內外也又帷同 闈宮中小門也庭丨闈丨

桅掛帆之干也船丨 槐丨花丨葉 囗環也周也仝圍

文 微凡事關心曰無微不至丨末細丨 薇紫丨薔丨花名也 溦丨丨丨雨也

語 巍丨峩山高峻也又大也 嵬崔丨山高峻也 佹依也累也 峗高也 恑變也異也悔也 危事之已甚曰丨急也

出 ○

喜 缶磁器也陶器也丨窑丨器 缶同上

歸部下上聲

柳 淚 肝瘋則丨眼丨垂丨揮丨 戾 斜也曲也乖也罪也止也 累 貽害曰丨牽丨波丨 唳 鶴鳴也

邊 〇

求 餽 進食曰丨丨遺丨餉 饋 同上凡進食物皆曰丨餉 蕢 草器也又臾同 跪 跽也拜也 瑰 瓊丨又玫丨 簣 土籠也 隗 晉文公夫人名季丨

蹶 行急也 潰 亂也散也破也 痵 驚丨又仝悸 瞶 極視也 聵 耳聾也 闠 闤丨市門也

去 愧 慚丨知恥也 讉 覺也悟也 憒 心亂也 悸 心動也驚丨

地 墜 自高遺下曰丨丨地丨落 棈 下垂也 縋 以繩懸之也 礈 丨落也

坡 〇

他 〇

增 萃 聚也又卦名 祟 鬼神示驚曰丨鬼丨作丨 悴 憔丨 睟 正視也又清和也 瘁 精神不足丨也勞丨疲 誶 誚也告也多言也

邃 深遠也 贅 以物質錢曰丨又入丨曰丨壻 粹 純清不雜也

入 遺 贈物曰丨饋丨又亡也棄也

時 瑞 吉祥之兆丨氣祥丨 睡 坐而寐之曰丨丨覺

英〇　文〇

語偽凡物之假者曰｜｜心｜詐｜真　垝毀也

出〇

喜惠心靈曰｜｜心以物餽人曰｜賜　僡同上受人之物曰承｜受｜　慧敏捷曰｜聰｜智｜明｜又星名｜星　彗即埽也又｜星金星之餘氣　蕙香草蘭之類也蘭｜

嘒小聲也又和也又声之中節也　喙口也又困也又鳥｜　篲竹埽也又箒仝　暳小星也　蟪｜蛄虫名　繐布細而疏也

歸部下去聲

柳類萬｜物｜同｜種族也平等也　累繫｜波｜拖｜

邊吠犬｜尨｜｜堯　沸煎水將熱則起｜

求縣邑也州｜如吾潮九邑則九｜　櫃木｜錢｜大｜

去〇

地隊兵家百人為一｜行｜排｜兵｜

坡〇

他錘俗秤｜重｜

增〇　入〇

時穗五谷皆有｜粟｜麦｜蓫同上麥出双｜穟同上五谷之實也

英位坐｜褖｜地｜胃｜氣脾｜穀府也

文〇

語魏｜闕北｜又姓

出〇

喜緯俗織有之沙直者曰經橫者曰｜諱號也忌也避也稱父之名曰｜

歸部下入聲　空音不錄

21庚部上平聲

柳〇俗有呼其母曰亞｜　邊〇

求庚天干｜辛屬金賡續也又｜歌耕｜田躬｜｜耘畊同上羹調｜鹽｜更巡｜守｜秔穀有芒者

去坑山丨陷丨深丨又秦政丨儒阬仝上

地〇坡〇他〇

增爭丨奪相丨丨城丨地争同上競丨

入〇

時生胎丨卵丨濕丨謂之三丨牲丨口俗有三丨五丨鉎五金之一其性剛鎔則化

英〇文〇語〇

出青丨蒼丨萍丨草又青衣星七政十一曜二十八宿皆曰天丨曐同星即天丨也又垒同蜻丨蜓飛虫也腥丨氣魚鮮之味也菁丨茅蔓丨

喜〇

庚部上上聲

柳冷天氣嚴寒曰丨丨退丨淡丨涼

邊把俗謂阻撓曰丨栅丨卡阻也止也

求梗枝丨强丨桔丨鯁魚骨也刺在喉曰丨又人之正有曰骨丨哽咽塞也痙彊急也綆汲水之繩索也埂小坑也又堤丨勁强丨力堅也

增井鑿地取泉曰穿丨丨水古有桔又盐丨穽同上水丨又汬仝阱陷丨坑也

時省中國十八丨今增加東三丨共二十一丨又稱丨城丨垣

文猛急疾也緊也速也又如頃刻千里曰丨

出醒凡事省悟曰丨如睡丨酒丨

喜〇

庚部上去聲

邊柄柯也斧之柯俗曰丨鋤丨刀丨

求徑大路小丨花丨掃丨逕同上路丨俓與徑仝小路也又直也莖樹木之枝丨幹也頸頭丨

時姓百家丨名丨丨氏性存心養丨天丨丨質丨情

其餘空音者俱不錄

庚部上入聲

柳靂凡疾雷聲俗曰霹丨

邊百數之滿也一而十十而丨佰同上河圖五十五數浴書四十五數合為一丨伯父之兄曰丨丨叔栢木名黃丨也松丨陰木柏同上

求格丨物丨致相丨成丨隔有以別之曰丨如阻丨暌丨遠丨

去客主丨在家曰主出門曰丨

地壓物上加物曰丨如丨地丨底創丨坡〇他〇

增職受人之託曰丨出仕則受丨人又丨任丨份仄平丨字音也長為平短為丨昃日月盈丨盈滿也丨缺也責丨罰受丨加以罪曰丨績女工也紡丨丨蔴丨苧

幘冠丨頭上巾也積丨漸丨蓄餘丨儲丨讀怒也

英厄險要之處曰丨要扼持也握也按也伌困也陋也險也隘丨也搤同扼

出策計丨良丨簡丨筞同上丨者簡也籌也謀也冊丨頁書丨

其餘空音不錄

庚部下平聲

柳口俗浣衣晒之曰丨衫

邊棚架木為曹曰丨更丨戲丨枰同上架木為曹也坪平坦之地曰丨地丨路丨

坡彭 鼓聲也又排車器也又旁也又姓 膨 脹也如鼓之狀曰丨 蟚 丨蜞小蟹也

他呈 音程双手抬物於項上俗曰丨用其義也 捏 舉動也

增晴 雨止曰丨天丨雨丨又無風無雨曰丨明

英楹 屋上横梁曰丨楝丨大丨 其餘空音者不錄

文夜 日入則為丨晝丨半丨終丨黑丨 盲 目不能視也

庚部下上聲

地握 音屋俗謂手中握物曰丨兜丨用其義也

增静 寂無聲响曰丨寧丨寂丨 竫 安也與靜同肅丨

語硬 質堅曰丨骨丨强丨弓丨性丨 粳 丨米又杭仝米不粘曰丨 其餘空音者俱不錄

庚部下去聲

柳玲 俗田之坵形長者曰長丨又有東丨西丨

邊病 人之違和曰丨疾也初丨久丨

地鄭 姓也又｜國｜重

文罵 惡言加人曰｜詈｜相｜又以言責人也

其餘空音者不錄

庚部下入聲

柳曆 凡經過之事曰｜經｜閱｜｜朝｜代又通書｜日 歷 同上 瀝 竹｜生竹之水曰｜

邊白 素｜潔｜清｜金｜ 帛 布｜玉｜

他宅 居家之所曰住｜家｜內｜

文脉 四筋八脉氣｜血｜六｜百｜ 脈 同上

除柳邊他文之外上下多屬空音不錄

22 鳩部上平聲

鳩部八聲之本音在第四字去字之下

柳口 潮屬謂蛇曰｜哥

邊彪 獸名虎紋而小者曰｜ 驫 馬走也 求〇 潮俗謂物長縮而短之曰｜物大縮而細之亦曰｜

去鳩 鳥名性拙喜聚又作工曰｜工 丘 ｜阜大也四井為邑四邑為｜ 坵 同丘聚也大也 虬 同蚪龍而無角又唐時有人名張｜髯 蚯 ｜蚓虫而善鳴一名寒蛩

蚪 |龍無角　艽 遠荒也　邱 陵之小者曰||陵|山

地　丟 去而不返曰|　坡 ○

他　抽 |收|線|厘|兵　婤 好貌

增　周 |朝|全|急|到|密　週 環也|年|圍|遍　州 |縣|府　洲 水中浮住曰|天下有五大|　舟 船也|楫　侜 與譸同張也　稠 多也密也

輈 車房也　輖 重載也

入 ○

時　修 飾也葺也理也　脩 |身束|　羞 |恥珍||澀　饈 進獻也膳也　梳 柴|角|牙|　疏 不密曰|　收 |拾|数|物

英　憂 |思|悶隱|　優 品學兼||生排|　⿰禾憂 十筥曰|　耰 播種而|之覆種也　櫌 打鎚也　嚘 語未定貌　優 |游暇也

文 ○　語 ○

出　秋 孟仲季之||月|風　鬚 |眉胡|本作|　鞦 |韆春戲也　揪 擒物也　鶖 水鳥名　鰍 魚名也　啾 ||小聲也

喜　休 善也美也廢也息也　庥 庇也廕也　咻 噢|痛念聲又喧囂也　攸 安行得所曰||往　㾋 漆瘡也　悠 |思|久深|　幽 曲隱之處|深|明

呦 ||鹿鳴也　貅 貔|猛獸也　眑 半乾也　⿰火幼 同上半乾也　麀 父子同牝也　𢆶 細微也

鳩部上上聲

柳 柳楊丨綠丨折丨丨絮丨絲丨眉 栁同上蒲上又茆同 扭丨交丨縛 紐結也會也 鈕聯物之環曰丨衣丨也 衵同上衣結曰丨 狃犬性狎也習也驕也

杻手械也

邊〇

求 糾丨纏也 久長丨遠丨 ⿱穴久貧病也 羑丨里獄名 玖瓊丨玉名 赳勇武貌 疚久病也

去〇

地 冑甲丨世丨胤也後也 佇丨立丨望丨候 貯丨存丨貨收丨 杼机丨机之器也 眝張目也

坡〇

他 丑十二支辰丨屬牛

增 酒請丨敬丨飲丨丨樓丨館 帚除穢具也 入〇

時 首丨者冠也魁丨人丨 守丨餘丨節操丨 ⿰亻守與佇同

英 友丨愛丨善朋丨親丨 酉支辰也丨屬雞夘丨 丣同上十二支辰之一 肘臂節也胑丨腋丨 牖窗也丨户 莠害苗之草也丨莠 誘丨敵引丨猶詐也

帚 糞也箕｜持而掃地 廇 敗也

文〇 語〇

出 醜 ｜陋貌｜｜婦出｜ 手 足也

喜 朽 ｜木不可雕｜爛

鳩部上去聲

柳 溜 物之善走者曰｜猛｜滑｜ 邊〇

求 救 將急而拯拔之曰｜｜急求｜討｜荅｜ 究 訊問曰｜窮理曰｜審｜窮｜詳｜

去〇 地〇

坡 嘭 俗以物之不接者曰斷又一曰｜

他 捊 俗以假者盜換其真者曰｜

增 咒 法語曰｜符｜唸經誦又罵人曰｜

入〇

時秀禾之吐華曰丨又丨發丨麗又士人進學曰丨才 綉錦丨彩色也 繡刺丨彩丨丨花丨鞋 袖長丨無丨拂丨兩袖衫之口曰丨口 狩帝王冬月出獵曰巡丨即巡所守

獸禽丨飛禽走丨 岫山之穴也 琇美也又玉名

英幼物細曰丨又穉也幼穉 黝青黑色也

文〇 語〇 出〇

喜臭味惡也穢丨丨犬能知 覆上丨下曰丨天之所丨 嗅以鼻取其氣也 糗熬米麦也 殠物之腐敗也 臰同臭惡穢之氣也

鳩部上入聲

增闃寂然無聲曰丨靜 闐同上从九畫 其餘俱係空音故不錄

鳩部下平聲

柳流川丨不息江丨河丨 硫丨黃葯名 琉丨璃又國名丨球 旒王者之冠冕丨 瘤身外餘肉曰丨有血丨肉丨 留存也餘也兜也 榴果名有石丨

騮紫丨良馬也 繆詩綢丨牖户 瑠丨璃猶玻璃也 遛逗丨不進也

邊〇

求毬繡丨皮丨地丨毛丨打丨 球環丨員丨

去求 乞｜懇｜ 俅 赤順貌又戴也 觩 長貌角上齒也 妹 匹也偶也 脙 非理而求之也 述 斂也合也

地紬 繇｜內｜遝｜｜綴 綢 同上紗羅｜綴 籌 海屋添｜持｜

坡坏 以土封隙也 棓 把也聚斂也 桴 屋正棟也 裒 聚也多也 抔 引取也又下土也手掬物也

他籌 持｜添｜ 幬 猶帳也 儔 伴也朋也友也 嚋 誰也 躊 ｜躇不決也 疇 田｜西｜凡耕治之田曰｜ 譸 訓也

懤 怨也報也 裯 被也 綢 未雨｜紉 ⿰月壽 腿後也 惆 失意也｜悵

增〇

入柔 ｜弱軟｜ 猱 从猴善升木 蹂 ｜躪以足｜地也 腬 嘉膳也 鰇 ｜魚名 瑈 玉名也 煣 以火屈伸竹木曰｜

時汆 人浮水面而行曰｜人在水裏則曰水人

英由 緣｜因｜｜是｜此 油 火｜豆｜茶｜麻｜魚｜桐｜ 遊 優｜｜覽｜勝 游 ｜歷周｜ 猶 比況之詞 偤 侍也 蕕 臭草也

蝣 蜉｜朝生暮死 酋 聽也 尤 加甚曰｜如｜勝｜物｜怨｜妙 郵 傳送文書之舍｜傳 輶 輕車也 猷 以道謀也嘉｜ 繇 隨從也又茂也抽也

遒 迫也忽也 標 積也

文侔 平等曰｜

語牛 正音

出仇匹也讐也儆也囚丨禁售賣也發丨酬丨恩丨謝丨劳丨神酧同上丨答犨白牛也讐仇丨報丨冤丨猶言對也

圳田畔溝也醻丨謝丨勸也厚也酋熟酒也又丨長蠻師

喜裘袷丨棉丨長丨

鳩部下上聲

柳謬誤也荒丨丨妄邊〇

求咎愆也惡也遇也休丨元丨偺毁也柩有尸之棺曰丨靈丨桕樹生子也

去〇

地苧麻丨績絲可為葛布晝丨夜白丨稻有芒之穀曰丨宙宇丨古往今来紂商君名丨桀丨商丨

坡〇他〇

增就成丨將丨丨而正之僦丨居丨屋⿰山就丨嶺佛國山名也蹴丨鞠令之打毬也鷲鳥名羌丨又靈丨又山名

入〇

時受取其所與曰丨永丨授以物與人曰丨丨受丨教綬繫印之組曰丨印丨湵水名也⿰言受口授也⿰口受同上記丨

英 佑 庇|保|神| 右 左|左輔|弼 祐 同佑神助也 宥 赦也寬|原| 囿 花苑有垣也 侑 配也勸食|酒 賄 |路以財|貪緣曰行

怙 心動也 酭 報也醻也酒也 婟 耦也 褎 耳飾也又衣袖也

文〇 語〇 出〇 喜〇

鳩部下去聲

柳 鏤 原音度俗謂銀器此度金曰|金故附

時 壽 人生五十歲屬上|六十曰下|七十中|八十上| 寿 俗小寫同上|考|算

英 柚 果實皮粗而厚大于橙柑數倍曰| 又 再也另也

出 樹 木之揔名曰|古|松|柏|

喜 復 再也重也如去而|返行而|止之類

除柳時英出喜之外上下俱係空音不錄

鳩部下入聲 空音不錄

23 瓜 部上平聲

瓜部上上聲

柳〇 邊〇
求呱 ｜｜小兒啼聲也 柯 姓也
去夸 矜張自大曰｜張矜｜ 誇 意滿也驕｜言｜ 侉 同上臭也矜｜ 胯 兩股間腰｜信受｜下辱 姱 好也美也 跨 ｜步也乘也｜馬又越也
干 同上｜一步也 恗 心臭也
地〇 坡〇
他拖 ｜久｜拔｜地｜鎗 拕 同上｜曳
增〇 入〇
時沙 泥｜溪｜ 砂 石末結時即如｜ 鯊 名魚曰｜魚其皮曰｜ 痧 病症也
英蝸 ｜牛｜角 蛙 似蝦蟇其股長曰青｜ 娃 少女也女｜少｜｜娃 鼃 ｜灶又同蛙
文〇 語〇 出〇
喜花 正音曰｜

坡頗 凡事之未上者則自謙曰丨會丨能

增紙 竹所以造紙今洋人則百端皆可以造丨 帋 蒙恬造丨列號楮先生

時徙 范公三丨移丨宅遷丨 沚 同上移改曰丨

英我 人之自稱曰丨相對曰你 倚 有所依賴曰丨丨門丨勢

文滿 盈科曰丨月圓曰丨又志丨驕丨

出歪 欹也斜也不正也 孬 與上同不好也

瓜部上去聲

柳口 灰工上屋排瓦俗曰丨瓦

邊播 丨種丨谷篩丨 簸 丨箕竹器也颺米去糠

求褂 襖丨袍丨 葢 覆物之器曰丨缽缸丨 盇 同上覆物之器也

去掛 如船之丨淺又如人之丨物即質也 恚 恨也怒也 絓 同掛丨猶碍也 挂 倒懸也 罣 丨礙也

地帶 衣丨腰丨羅丨又連絡曰一丨 蔕 同上 [疒帶] 婦人赤白之病也

坡破 不完之物曰丨壞文敗也衣丨家丨

他〇 增〇 入〇

時續 原音係音屬說文相接也潮屬謂相接丨曰丨

英〇 文〇 語〇

出蔡 姓也 喜〇 除此六字之外俱是空音不錄

瓜部上入聲

柳口 俗謂煎魚曰丨魚煎粿曰丨粿

邊缽 傳道曰傳衣丨又陶器有丨 鉢 同上缶器有炖丨脚丨

求葛 葤丨番丨丨藤丨布 割 丨稻丨草丨麥宰丨 渴 口丨則求飲飢丨止丨 轕 轇丨事之不易了者緣多轇丨

去闊 廣大曰丨寬丨 濶 同上丨狹

地叱 丨咤丨名又狂呼曰丨 雩 大雨也

坡撥 丨田丨禾活丨 潑 同上澆也散也

他 獺為淵敺魚者｜也｜能入水哺魚 犍同上水｜似鼠而加大

增〇 入〇

時 煞神｜有三｜七｜｜曜 殺｜人｜猪｜戮 宿夜｜投｜借｜ 漱食畢則｜口

英 口鳥有日隱夜出者其聲｜故名夜｜

文 抹塗｜借｜｜粉

語〇 出〇 喜〇

瓜部下平聲

柳 籮竹｜所以盛米谷也

坡 婆祖妻俗呼為亞｜又夫謂妻曰老｜子

增 蛇長魚身有鱗牙有毒口有針能脫殼曰｜

文 磨如琢如｜又｜石｜刀

喜 和人睦曰｜音叶曰｜｜平｜約｜睦 禾苗秀曰｜嘉｜ 華花開曰｜繁｜｜彩｜蓋中｜ 譁聲什曰｜諠｜ 嘩同上喧｜ 崋西岳｜山

驊丨驑良馬也 穌同咊字調也諧也

瓜部下上聲

柳涎口裏津液曰丨

地舵船之限制也桅丨 柁船丨鉄丨

英口婦女呼猪之声 此五字之外俱係空音故不錄

出鱔長魚也有白丨黃丨俗呼曰丨

喜禍丨災作惡則有丨丨福起丨惹丨

瓜部下去聲

柳賴姓也潮屬土音 地大丨小一丨者曰天其次皇帝曰天之子丨人

語外內之對也丨人丨處丨鄉丨地 除此四字之外俱是空音不錄

出𡥈母帶其子曰丨人娶妻俗丨妐

瓜部下入聲

邊跌 俗曰丨言其失足也原音迭用其說也

增蠋 夜遊虫也俗曰膠丨

入熱 涼丨暑氣炎若蒸則曰丨音

英活 萬物生則丨

文末 研丨葯

24 江部上平聲

柳

囒 荷丨牙丨　**欄** 省城口音曰丨油丨猪丨牛丨

邊

邦 丨國異丨他丨連國曰友丨　**班** 衙額有五丨按丨也賦也布也偏也位　**帮** 助也丨手丨作相丨又行丨　**幫** 同上　**枋** 木版也厚丨薄丨分丨　**方** 四丨行要丨言其穩當也　**崩** 頽敗也丨地丨山　**繃** 縛也　**瘢** 痕也

求

江 河漢行水之道也丨山丨河　**岡** 昆丨丨陵山丨　**崗** 同上出玉之山也　**剛** 不屈曰丨正也丨强丨正直　**綱** 三丨紀丨丨領丨常　**干** 非禮相犯曰丨丨犯丨冒丨涉

乾 凡物晒之則丨不濕曰丨　**間** 中丨其丨反丨　**奸** 多行詭譎曰惡丨詐丨宄丨　**工** 丨夫丨藝傭丨丨匠　**鋼** 犯之則折如鐵之堅曰丨　**姦** 私也偽也斜也丨淫强丨

艱 丨辛多丨丨難丨苦　**竿** 竹丨挺也　**罡** 天丨星名　**茳** 香草也　**玕** 琅丨玉也

去　康｜健｜泰｜樂｜寧　嵻山空貌　牽｜連｜引｜挽｜牛　刊｜刻｜印　匡救正曰｜｜救｜扶　空｜虛｜隙　孔破｜鑿｜

　　慷｜慨　恇恐也　戡勝也克也

地　東｜震方也甲乙居｜　丹煉｜仙｜又｜紅｜片　冬四季之末三｜嚴｜　單孤身曰｜薄也　璫玎｜玉聲也　簞盛飯器也　簹篔｜竹之名也

坡　攀｜丹桂｜引上｜　頒｜行｜詔　盼问上又賜也　蜂｜腰｜房｜蜜　香薰馥之氣｜曰｜又｜　板｜桂｜引相｜　眅白眼即反目也

　　蠭同蜂

他　湯｜武商｜又｜流聲也　螳海中小蚌也　鏜鐘鼓之聲也

增　曾姓也　莊｜重｜嚴端｜　鬃婦人頭上之髻曰｜　棕｜樹｜[illegible]｜林｜席　椶同棕　臧善也厚也　㚇鳥飛斂足也

入　〇

時　双物之成對者曰｜　雙同上成双又｜仝　删｜削｜減　姍好也　珊｜瑚海中石樹也　芟除草也　鬆不實曰｜　跚足跛也又旋行也

英　安平｜｜康又地名｜南　侒宴也

文　〇

語　昂｜首低｜激｜　昻同上舉也　唵佛語合手進食也

出 蒼丨天丨生丨青色也 滄寒也又丨州 餐進食曰丨素丨三丨 葱菜名青丨北丨 蹌疾行也 飡啖也吞也 湌一日三丨進食也

攙丨拔也 孱弱也又劣也 愴悽丨傷也 潺水流聲 鏘丨丨聲鳴也又玉聲 鶬丨鶊二月鳴一名黃鸝

喜 ○

江部上上聲

柳 曩丨者前日之謂也 俺我輩自稱曰丨即我也 赧慙恧面赤曰丨 嬾丨怛丨惰 簍竹器也裝糖裝紙用竹丨 懶丨憊也懈也

邊 榜龍虎丨金丨丨出丨挂丨全 板象丨木丨擊丨条丨丨椅 版刻丨玉丨銅丨 㮄同榜 坂坡也 舨舢丨船也

求 講丨理丨書丨說丨究宣丨 簡丨牘書丨丨篇丨署 港溝丨溪丨丨口香丨 柬丨貼丹丨 揀丨選丨擇丨用 澗山中峽水也 㵎同上山峽也

鐧車軸頭鉄

去 忼丨慨悲歌感傷也

地 董草名又姓丨事丨理 党鄉丨賊丨君子不丨 黨不鮮也又朋也長家曰丨也四人成丨五百 矘目無精也

坡 紡女工也丨續丨紡

他 亶誠也信也 倘忽止貌又不敢必也 惕長也直也 毯丨毡丨 怛丨惕又忐亦忐忑也 袒偏丨又脫衣也 儻同倘丨若丨如疑詞

	忐丨忑 坦平曠也 桶有水丨糖丨鉄丨 毯毡丨毛丨棉丨 倘倘然涸也 妲丨己紂王妃也 疸黄病也 膻肉丨羊臭也
增	○ 入○
時	瘦貌庚曰丨肥丨土音
英	○
文	輓引車也又挽也推也 挽拖丨 莽草名可殺魚 蟒丨蛇丨袍巨丨
語	眼丨目丨孔又阮藉作青丨 出○
喜	罕稀丨凡少見者曰丨丨見又姓 悍性暴戾者曰丨强丨 哻丨睡 銲臂鎧也又药也 翰丨墨丨苑丨林 瀚丨海又浩丨言大水也 矙窺伺也
	鼾丨睡 桿木丨 犴拒也
	江部上去聲
柳	口潮俗不接之所曰丨隙之丨
邊	放丨生放走 扮打丨推丨 校妝丨謂修飾也
求	降自上直下曰丨丨氣丨堦丨級 絳丨紗大赤也又士也 幹才丨能丨枝丨 榦築墻版也 諫朝廷有丨議之臣丨君丨臣 䟫日始出時其光丨丨

浲 ｜洞無涯之水也 **悻** 恨也
去 **亢** 過也高也抵也敵也 **伉** ｜儷匹耦也又抗也 **侃** 剛直也 **㑁** 同上 **囥** 藏也 **偘** 侃同 **炕** 火｜大｜也又｜爐
抗 ｜禦抵敵也又以手｜舉也 **沆** 大澤也 **犺** 獷｜不順也 **匟** 炕床也 **衎** 信也和也喜也
地 **旦** 日初出時曰｜｜夕 **蛋** 雞鴨之夘曰｜ **誕** 生辰曰｜ **當** 妥｜的｜謂其不悞也 **儅** 正中也 **讜** 言理中也 **擋** 摒｜
簹 篔｜竹別名
坡 **盼** 顧｜又眸子黑白分明也 **盻** 俗同上｜望也其實係作恨視說音係
他 **嘆** 長｜感｜｜息也 **歎** 同上
增 **壯** ｜丁｜勇强｜｜觀 **棧** 貨｜匣貨之所也｜房寄｜ **鑽** ｜穴隙又鉄｜ **贊** 稱｜｜成｜助又興訟也 **讚** ｜美稱｜像｜ **儹** 積聚也
饡 以羹澆飯也 **趲** ｜路言兼程而行也 **纘** ｜緒繼其業也 **粽** 米｜五月節用之 **糉** 古之角黍今之米粽也 **綜** 織布机中交｜也 **輚** 兵車也又卧車也
濺 水激洒也 **朁** 曾也又發語詞
入 〇
時 **送** 相｜遠｜｜別｜行 **霰** 雪粒也又｜氣 **鏾** 弩也 **疝** 腹痛男人有七｜ **訕** ｜謗毀人之言也

英 晏 赴｜賜｜飲｜ 案 ｜牘公｜正音 按 ｜察謹｜｜物 甕 缶｜大｜缸｜ 罋 同甕

文〇 語〇

出 創 置業曰｜始｜｜造制｜ 粲 米名白｜ 燦 ｜朗光明也 璨 ｜然玉色光也 ⿰子粲 二女曰｜ 僝 見也

喜 漢 江淮河｜天｜｜朝 ⿰亻𦰩 大｜好｜ 汗 同漢

江部上入聲

柳 口 俗謂事成即反退曰｜

邊 北 玄天在｜坎卦居｜正｜ 亳 湯都于｜地名同薄 腹 背｜口｜肚｜满｜ 幅 布｜成｜ 搏 ｜擊也｜虎｜獸｜物 博 賭｜又｜奕

剝 剖｜｜皮又卦名 博 廣厚眾多也施｜學｜愛｜

求 角 如獸之有｜龍｜鹿｜ 桷 楹｜所以蓋屋也 各 ｜別｜人｜件｜事 結 ｜繩｜交歸｜｜案｜局 覺 知｜夢｜發｜先｜ 珏 兩玉相合也

去 壳 蝌蚪螺蚌皆有｜ 尅 ｜制｜涉水火相｜ 霍 國名又姓又葯名 恪 愿也恭也謹也 傕 覺也 確 堅不可移曰｜｜切｜實｜理 佫 姓也

戞 戰也茅也又擊鳴也 粬 紅｜酒｜神｜ 癨 ｜亂吐瀉病症也 譪 言牲也誇也 噶 同上 矐 ｜龔 殼 幻｜

慤 行見中外曰｜誠也善也 ⿰革禾 穗去實曰｜稿也 郝 姓也太原郡｜鄉 隺 飛高也俗鶴字

地	喇 唱丨言急也 觸 音促然两牛相丨俗曰相丨用其義也
坡	駁 色不純曰丨雜也 晶 深目也
他	闥 禁門也又宮中小門又闥丨 撻 朴以示罰也鞭丨遭丨 拓 手承物也又推也斥開也 躂 足跌也 宕 洞室也過也又放丨抵丨延丨 槖 囊丨箱篓類也有底曰丨
	囡 同上 健 逃叛也 蠆 蜂毒也
增	作 興起曰丨動丨操丨 節 丨制丨儉有丨烈丨婦 节 同上 櫛 理髮之具丨沐 怍 心動也
入	〇
時	塞 閉而不通曰丨茅丨壅丨 虱 似蟹氣所生也 蝨 同上頭上生者為鳥丨身上生者為白色 蚬 同上又葯名有鶴丨 薩 菩丨神佛之稱也又姓
英	惡 暴丨兇丨不善之名 抑 按也治也屈也遏也丨揚又發語辭 垔 土色也
文	〇 語 〇
出	察 鑒丨審丨催丨核丨 漆 膠丨油丨又生熟丨建丨 錯 差丨悞也又丨宗 剎 梵宮節堂 桼 同漆 榛 又同漆飾器也 磧 敬也又人名
喜	謁 見也訪也投刺也拜丨也 曷 反詰之詞丨不丨敢又何也 涸 水乾也鮒魚困丨轍 洫 小港也溝丨 歇 休息也盡也休丨
	偈 丨丨用力貌 壑 水之所歸丨也邱丨萬 堨 以土障水也 褐 毛布之衣也貧者短丨 瞎 眼不見物也 轄 所管之地也管丨 緆 繒壞也又毋衣毋丨 遏 上也駐也

江部下平聲

柳 闌不便踰閑曰丨曲丨阻丨 瀾水遇風則起湧曰波丨 欄丨檻横丨倚丨曲丨 蘭丨桂芝丨香草也 襴衣與裳連曰丨 躝郎干又踰也 闌丨苑又高門也

狼虎丨豺丨 蜋螳丨又名蜣丨 浪滄丨水名 難不易者曰丨最丨甚丨 籠罩也灯丨鳥丨 聾耳不達聽曰丨 礱挨谷取米曰丨竹丨塗丨木丨

龔養獸者曰丨 囊丨橐有底曰丨橐無底曰丨 攔丨跓阻丨 襤衣衫也 廊屋之兩廡曰丨廂也 零不成數者曰丨丨星丨數 琅丨琊郡名又聲也

稂害苗之草也 人為萬物之靈三才之一 籣矢袋也 膿丨血疽潰丨出矣

邊 馮馬行疾也又姓又乘也登也 房丨屋民丨蘭丨閨丨 瓶金丨玉丨 鉼同上缶丨酒丨

求 〇

去 撐雙手抬物曰丨丨茶丨飯 看正音觀物曰丨 頏頡丨上下也

地 同事物無異曰相丨 銅金之次者有曰丨黃丨紅丨 筒升仝有牙丨竹丨 陳姓也 仝相類也

坡 旁交横也丨午丨通 傍近也倚也側也 帆布丨風丨船丨錦丨又帆仝 尨犬也丨吠 吭咽也吞也 颿同帆又馬疾走也 龐高屋也又不和也又姓

厖大也厚也雜也 哤語雜亂也 駹馬也其色雜 航船丨也 滂丨沱水湧出也 膀丨胱小腸也 蒡牛丨子菂名也

螃丨蜞小蟹也 騯丨丨馬行也

他 唐丨虞丨朝荒丨 傏丨傒不遊也 儻同上丨傒 棠木名果實丨也海丨甘 ⿰口唐大言也 堂正音丨丨端莊貌 虫昆丨之總名

蟲同上有足曰丨母足曰豸 檀丨香木之有香 彈丨枳丨丸丨壓炮丨 潭丨溪丨澗水名 膛胸丨又肥貌 瞠目直視也 螳丨蜋又丨臂當轅馬能勝任

增 層丨次幾丨 叢聚也雜也林也花丨樹丨 潨合水處也 欑木也

入〇 時〇

英 紅面色也紅紫青丨 洪大也丨水即大水也 䞒肉皮腫赤也

文 芒草葉有鋒也劍丨又丨鞋 茫丨丨水廣貌 忙愴丨忙迫慌丨 閩丨地福建省也 蠻南丨荆丨 吂問而不答曰丨

語 言事發于口曰丨丨語巧丨 顏姓也

出 田圍丨水丨沙丨丨疇 藏包丨深丨丨匿潛丨 殘丨害丨忍敗也 戕卒暴也

喜 寒丨則加衣有小丨大丨 寒同上凍 杭丨州上丨地名 韓姓也國也又井垣也 翰書丨文丨 降投丨歸丨丨兵丨卒 行丨舖同丨雁丨

桁木丨刑具也 ⿰忄夅恐懼也

江部下上聲

柳 弄戲丨丨玉玩丨丨璋 浪波狂曰丨水湧也 㑝愚蠢也 朗月丨明丨光也 屌男子之陰具也原音屪仝

邊 棒（槌丨木桿也）艕（丨人善水性也）蚌（蜃類老而生珠）謗（毀人名式曰丨侮丨訕丨）傍（依也倚也）

求〇　去〇

地 重（沉丨輕丨碹鍾）但（反接意也又語詞）蕩（飄丨曠丨丨子）憚（畏憚也又僤仝）盪（滌器也）誕（欺也妄也）

坡〇　他〇

增 臟（身有五丨六腑丨氣）藏（寶丨書作上聲）

入〇

時 磉（柱下石也通書每有此字與礎仝）

英〇

文 網（結丨魚丨蛛丨羅丨罟也）

語 彥（美士曰丨）偐（偽假之物也）諺（俗語曰丨又喭仝）雁（鴻丨丨陣丨行）鴈（同上北丨）唁（吊生曰丨）[歹+言]（吊失國曰丨）牪（牛往也）

出〇

喜 限（有丨期丨止也界也）項（公丨銀丨又姓）閈（丨門里門也）捍（丨衛也）

江部下去聲

柳 難 阨也犯｜逃｜遭｜避｜

邊 辦 ｜事｜模物｜｜｜即模樣也

求 共 公｜相｜｜濟凡物非己有即是公｜

去 ○

地 洞 山｜仙｜石｜桃源｜山空如屋者曰｜ 胴 大腸也

坡 吉 瓦｜屋｜契文瓦屋若干｜ 縫 衣｜破｜凡兩物合之中間必有小痕曰｜

他 ○

增 贈 饋遺曰｜相｜｜物｜金｜君

入 ○ 時 ○ 英 ○

文 夢 睡中有所晤見曰｜又梦仝 緩 遲遲曰｜勿速亦曰｜

語 ○ 出 ○

喜巷柳丨桃丨鳥衣丨子孫丨衖里中小道曰屋有花丨

江部下入聲

柳六數目又天下曰丨合力勇丨智丨協丨壓丨樂喜丨長丨永丨陸數目與六迺

邊縛綑也束也

求俗謂以物丟去曰丨

去○

地達通丨君子上丨小人下丨毒惡丨蛇丨蜂丨鐸木丨大鈴也值價丨即價錢也躍跳足也

坡雹落丨雨丨陰氣陽曰丨爆竹聲响也瀑來由高山直下而達望之如練曰丨布水暴日乾也

他讀丨書丨詩丨律明句丨

增口潮音謂實而不虛丨密而不疏皆曰丨

入○　時○　英○

文目丨為鑒察之官耳丨眼丨頭丨墨京丨㩆丨濃丨筆丨松使者也木林丨樹丨花丨密藏之至深曰丨

卷三終

潮聲十五音卷四

膠嬌乖肩扛弓龜柑

佳甘瓜薑叻囉哖燒

語岳山|五|又|父|母咢錯|驚|又愕仝僫多也蕚花|堮土涯級也鄂州名又姓噩嚴肅貌

鱷|魚四足長喙韓公祭|有文嶽同岳山|五|諤正直之言也遻不欲見而見之曰|鍔劍鋒也

出賊叛|反|刦|盜|鑿穿|開||地蟊害苗之虫也

喜學勤|求||堂|舍鷽山鵲也又小鳩也

25膠部上平聲

柳嘮以無為有俗曰好|

邊巴|蜀|戲芭|蕉葩花之白者曰|又吧仝豝牝豕也羓通作豝

求膠牛|鹿|亞||漆

去脚足曰|腳同上|手猪|

地礁水裏石也乾音干俗謂|曰|用其義也

坡脬膀胱也抛音褒俗謂|曰|亦用其義也

他他俗謂別人為|如|家|國|人|事

增 渣 |滓|粕 榨 同上 槎 乘|仙| 嗟 |呀|嘆 揸 如商家揸貨|盤|錢|事 嵯 |峨山之高且險也

蹉 |跎行不進也 咱 北人稱自己曰|

入 〇

時 砂 正音長|又堪輿家謂近山為|又硃|神|

英 亞 俗問何人曰|誰|某 阿 同上 椏 樹之分枝曰| 鴉 烏鵲烏| 丫 |嬛女婢

文 〇

語 〇

出 差 |錯|悞

喜 颬 俗以口氣呵小兒曰|

膠部上上聲

柳 〇

邊 把 |時|捉又官名|揔 飽 |食|學|德

求 絞交丨丨蔗丨棉 撟同上索丨

去 巧乞丨乖丨丨言凑丨 豈反說以見意也如乎丨非丨敢丨其然 荳水中菜也

地 打正音打架相丨又丨鬃打緊

坡 〇 他 〇

增 早丨起丨眠 昔丨人丨日丨者 蚤同早雞鳴而起曰丨

入 〇 時 〇 英 〇

文 媽俗稱祖母曰亞丨又稱母之母曰外丨 瑪丨瑙石色美如玉

語 〇

出 炒廚房調菜有煎有丨

喜 〇

膠部上去聲

柳 口俗謂物熱要待其涼曰丨

膠部上入聲

邊 霸五|强||業|道| 豹虎之別種曰| 壩沙|溪|三河|皆沙塗之淤也 弝弓手執處曰|

求 教儒道釋三|又有耶酥|天主| 較相|比| 酵酒母曰起| 窖地藏也

去 扣|舷|板|更|除|倆

地 〇 坡 〇 他 〇

增 乍初也忽也 詐偽|奸||敗|退 徃往來遠行也 怍慚也 舴|艋小舟也 昨|日前一日也

入 〇 時 〇

英 亞兩物不相上下曰||父|相 㑴倚也 婭姻|兩婿相謂曰|

文 〇

語 愚不敏之甚曰|

出 鈔錢|銀|

喜 孝有喪服曰帶|

柳〇 邊〇

求甲科丨又丨子又鉄丨又手足丨又山丨 鉀鐵衣也即戰甲

去笚捕魚具也

地搭置丨寄丨丨療丨棚 鎝欽丨發土具也

坡打丨索丨稻丨麦毆丨相丨

他塔庵寺之浮圖曰寶丨又雁丨

增〇 入〇 時〇

英鴨鶩丨雞丨睡丨家鳧曰丨

文月丨即肉也

語〇

出揷丨花丨菊 插同上

喜瓣花丨落丨

膠部下平聲

柳 朥 肥則有｜猪｜

地 禾 稻之稿也 除此三字之外上下俱係空音不錄

出 柴 樹木皆｜

膠部下上聲

柳 撈 如江中之｜月曰｜又如心满意足曰｜

邊 罷 已也止也息也皆｜之意也 除此之外俱係空音故不錄

求 咬 鼠｜虽有嘴之物皆能｜

膠部下去聲 空音不錄

膠部下入聲

柳 腊 十二月曰｜｜月 蠟 蜂｜白｜黄｜｜燭 獵 打｜遊｜ 臘 同腊｜月祭百神 臈 同上又蜡仝 爉 ｜燭 躐 踐也踰也又行不循序曰｜等

邊〇 求〇 去〇

地沓貪也又重疊偺傫|不著事也蹋足着地曰|如|青|勝|波踏同上又與碴通遝雜沓也

坡〇

他疊重|層|

增柵木垣曰|木|闌|闌同上門|卡關隘地方設兵守|

入〇時〇英〇

文〇語〇出〇

喜合集也會也和也三|五|六|

膠部字母與上同重音不載

26嬌部上平聲

柳〇邊〇

求嬌|姿|艷|娃|養驕以意淩人曰||傲|奢姣正音美也媚也又狡也

去敲橫擊曰|擊|門推|塙土高也又堅也墝土不平也磽同上土瘠也蹺舉足也俗語曰|蹊言事之可疑也

地 凋｜零｜殘 彫｜琢｜鏤 軺小車也｜車征｜ 苕花開也 刁｜斗行軍用也 貂｜鼠｜裘 雕鷲鳥之大者曰｜又｜翎｜扇｜楹

髫小兒髮也垂｜ 齠｜齡 鵰鳥也同雕又一箭貫双｜

坡 標高｜錦｜奪｜又模也｜準 僄｜浮輕｜身輕便也 幖旗也幟也 飄風揚｜颺也 瓢匏｜木器匏器可盛水也 票火飛也輕揚也 杓木柄也

僄輕也又僄仝 摽落也 嘌｜｜無節也 漂浮也又｜布也又有｜女｜母 螵｜蛸海中斗墨魚之壳也 鑣馬口鉄也 飈暴風自下而上也 驃｜騎也

他 迢｜｜遠也又迢仝 超跳也趨也 怊悲也悵也 挑引也｜動｜鐙 祧宗｜天子七代以上之祖宗則｜之按｜遷廟也 趒雀行也

增 朝平旦至早飯曰｜今｜明｜｜夕 昭明彰也 檦物縮小也 招以手呼人曰｜以言呼人曰召 焦火焙至赤曰｜又燋仝 憔｜悴憂患也

樵漁｜採薪者曰｜夾採｜ 僬同昭明也 瞧偷視也 膲三｜無形之腑也 譙呵也責也 釗遠也勉也 鷦小鳥也

鉊大鐮刀也 椒楜｜也

入〇

時 逍｜遙小遣｜ 消｜息｜耗 銷｜化｜耗註｜詳｜ 霄｜漢雲｜沖｜干｜ 宵夜也中｜ 硝｜黃塩｜ 蛸海螵｜

綃生絹也 蕭｜條｜疏 簫玉｜鳳｜｜管 瀟｜｜雨聲 魈山｜山神也 痟三｜病症也｜渴 搜｜索｜檢

英 夭桃天壽｜ 喓｜｜草虫 妖｜邪｜怪｜艷｜媚 偠腰細也 葽草盛也 伕｜僑不伸也 祆｜孽姦偽也

要 求也急也 幺 小也俗作么 殀 短命即丨壽也 訞 巧言也

文描 摹書曰丨丨畫難丨

語貓 家豹也能捕鼠 猫 同上

出拌 原音判按俗以两色之物要和均匀曰丨用其義也

喜僥 丨倖儿不皆得而得之曰丨倖 儌 同上丨倖事出意外也 邀 招也丨客相丨 梟 丨雄又丨首又鳥之食母者曰丨 驍 勇也如馬之捷曰丨勇

徼 伺察也求也要也又丨幸 澆 沃也薄也

嬌部上上聲

柳了 事終曰丨丨丨明白 瞭 明也丨然丨亮又胸中正則眸子丨馬 嘹 丨喨聲音也 撩 撈也取也挑美也 褭 以組帶馬也 㒟 僄丨細腰也

蓼 高飛也 臱 軟美也 嫋 丨丨細微貌 鷯 鳥名也

邊表 丨外也丨裏又上表丨丨 俵 散也 殍 困餓而死也 摽 落也擊也 褾 衣領巾也

求矯 丨丨卓爾不羣也丨擅也 繳 以下奉上曰丨丨項丨数丨餉 徼 循也塞也 噭 呼也吼也 皦 白玉也又明也 攪 亂也擾也手動也丨擾小雅祇丨我心

去巧 正音丨丨靈丨衣服新別曰丨

地〇　坡〇

他窕窈｜幽靜也 誂戲弄以言曰｜ 眺遠望也 掉搖也振也持也手動也

增鳥禽類之捴名羽族之類也 鸐同上鳥名

入爪脚｜又手足甲也叉仝 沼荷｜池塘也 擾攪｜造｜｜亂｜雜 嬲戲弄也

時小幼細之物曰｜ 筱箭屬小竹也

英〇

文藐遠也小也又輕視｜視 邈曠遠之貌又幽｜ 仯小也又驚也 眇獨眼也目｜又｜視 渺｜｜曠遠也又｜茫飄｜ 秒微芒也又枝｜樹｜ 杪同上木之

末也枝｜樹｜ 杳日將匿也｜冥 窅目深貌 淼水大也 緲縹｜又微也 㓜｜㒩美貌｜嫪不順 瞟遠視也 嫖｜嬝弱也

語〇

出稍不能不勝之貌｜可｜有｜稍 俏措好貌又俊｜ 悄憂也急也靜也 誚以事相責也譏｜訕｜ 哨｜小也 睄小視也 謿同上以言戲弄也

陗峻險也 峭山峻也 愀｜㑥不順也 愀｜然變色也 嘲言語相調也

喜曉清晨曰｜｜起｜日 窔幽靜也｜窕 皛顯而易知也明也白也

嬌部上去聲

柳孱男子之陰也又屌同

邊○

求呌正音

去竅穴也口也如人之七｜敲物破則｜

地吊｜起｜開窵相距之遠也｜遠言不接也弔喪家請客曰開｜｜祭｜其死者咜弄也又相誘也

坡○

他超躍也如雀鳥之行也又特出也跳同上鵲行也

增詔皇上之書曰｜書又行｜頒｜

入繑絲織成紋者曰｜｜疋｜紗｜色繞周圍旋轉曰｜又旋｜環｜纏｜遶圍｜同上𧝝衣不伸也

時數天｜算｜又｜目大｜少｜年｜女肖為子自稱曰不｜

英要欲也好也又切｜甚｜文○語○

出 笑正音 强俗謂強曰｜用其義也

喜 〇

嬌部上入聲 空音不錄

嬌部下平聲

柳 寮朋也同好也官｜同｜ 僚同上朋也友也 寥｜落寂｜無｜ 遼｜東｜西地名又遠也 尞姓也 嫽戲也 璙玉名國名

聊語助辭又聊仝無｜ 燎放火也 廖治病也 翏高飛也 撩理也取物也挑弄也 橑｜簷也 膋脂膏也 鷯鳥名雄者善鬥

鐐刑具脚｜也 摎｜理也 憀悲恨也

邊 〇

求 〇

去 喬高也又矛上之勾也 僑旅寓曰｜居 嘺不知也 翹雀屏曰｜又｜首望也 𦒉同上｜望也 蹻舉足行也又蹺仝 墝不毛之地又磽仝

嶠員｜東海之山仙人所居也 𡰝不順也

地 条物之成｜如線如索之類 條小枝也如枝｜柳｜ 蓧草也論語以杖荷｜

坡 嫖 邪滛也

他 調 丨和丨氣丨羹 鰷 丨魚名也

增 〇

入 饒 豐也餘也益也丨裕富丨肥丨 嬈 嬌丨貌也 橈 曲木也又楫也

時 口 俗謂男女之精氣曰丨

英 遥 丨遠道丨 瑶 玉石也又良玉也 摇 招丨風丨又丨動丨擺 傜 役也使也 謡 風丨童丨皆係無稽之言也丨言 嗂 喜也樂也 傜 同上喜也

陶 人名皋丨 徭 差役也 飄 風動也又飄丨 䍃 瓦瓶也 媱 美好也又戲也 愮 丨丨憂心無告也

文 本 苗 禾未秀則曰丨 㑤 好也丨好

語 堯 唐帝曰丨善行德義也 嶢 嶕丨山高也 垚 土高也 蕘 芻丨薪草也 襓 劍衣也

出 朝 丨廷丨堂國丨前丨 晁 人名縣名 鼂 虫名

喜 孝 正音 嬲 戲弄也嬈擾也

嬌部下上聲

柳 料誰丨難丨逆丨 嫽好也又戲也 邊〇

求 撬鑿丨如賊入之毀門也 去〇

地 召以言呼人曰丨寵丨應丨 兆事之吉凶有丨又類多曰億丨 劭勸勉也 邵高也勉也 旐猶兆也

坡〇

他 柱屋之橫木曰楹直木曰丨有石丨柴丨

增〇 入〇

時 紹繼絕曰丨介丨丨興 佋介行也又宗廟之昭穆也 肇事之始曰丨如丨基又丨慶府 肈同上 韶繼也美也又丨充

英 耀火光也輝丨 曜星丨又丨氣日光也 燿炫丨奪人之目謂物色之美也

文 妙神化不測之謂也玄丨丨計丨策 玅同上

語〇 出〇 喜〇

嬌部下去聲

柳 料凡物取裁而未完全者曰丨物丨色丨裁丨 廖姓也

地丟 物之棄之者俗曰丨丨

他調 音律之丨也如曲丨詞丨聲丨 此五字之外上下俱是空不錄

入逐 俗謂趕丨曰丨此字音犢趕丨今入在此用其義也逐丨

文妙 凡事物之有趣者曰丨丨文丨事丨理甚丨

嬌部下入聲 空音不錄

基部字母 與上同重音不載

27乖部上平聲

求乖 房也背也睽也不和也

英吞 吝惜也不甘也取其義也 除此两字之外俱係空音不錄

乖部上上聲

求拐 以詐騙人曰丨丨逃又足跛也 單此一字其餘俱係空音不錄

乖部上去聲

求怪 罕見之事理曰丨少聞者必多丨也 膾 肉細切也丨炙魚丨 繪 丨畫丨圖

儈 會合市人者曰牙丨 會 丨稽地名又丨計 檜 大樹可作棺作舟者

獪 狡丨也 鱠 俗謂魚生也 蒯 與菅又姓又地名

去快 心樂曰丨丨樂 筷 丨子牙丨竹丨即飯具箸也

乖部上入聲 空音不錄

乖部下平聲

喜懷 胸丨丨思心丨 怌 同上心有所思曰丨 槐 丨樹丨花王氏三丨

淮 江丨河漢水之道也 單此一字其餘俱係空音不錄

乖部下上聲 空音不錄

喜壞 物之破敗者曰丨物丨事丨 單此一字其餘俱係空音不錄

乖部下去聲

時櫰 果名有青丨黃丨 單此一字其餘俱係空音不錄

乖部下入聲　空音不錄

28 肩部上平聲

邊 斑 人面有花點者曰｜ 有壽｜又有虎｜

求 肩 ｜膞｜背 兩｜　四字之外俱係空音不錄

時 先 在前者曰｜｜ 輩｜舌｜人

出 千 十百曰｜十｜曰萬 十萬曰億十億曰兆

肩部上上聲

表 版 書冊有木｜石｜ 銅｜按｜即板也

求 繭 虫自吐其絲作衣曰虫｜又有｜綢 蠒 同上赤虫｜也 揀 ｜巽｜擇

他 看 視也潮音曰｜

增 指 手足各有五｜原音旨俗曰｜　七字之外俱是空音故不錄

語 研 原音姸姸末俗曰｜末細｜用｜

出 箲 有竹｜毛｜拂塵用｜

喜 蜆 蚶類海產曰｜溪產曰｜

肩部上去聲

求 間 相阻之｜曰｜｜隔｜斷｜格 ⿰口間 爭訟之詞

肩部上入聲

肩部下平聲

柳 蓮 ｜｜一名荷花又一名芙蕖一名菡萏

邊 畔 半也一物分二曰對｜開｜半｜

增 前 向面曰｜先｜｜面｜人

只此三字其餘空音不錄

英 閒 無所事曰｜｜暇清｜ 仴 同上

出 蠶 ｜有三眠即吐絲成繭 蚕 同上

喜還物去復返曰丨歸丨丨錢丨數丨債

肩部下上聲

地佃耕人之田曰田丨住人之宅曰厝丨開人之舖曰舖丨第次丨宅丨

猵同佃田宅之佃也

單此一字其餘空音不錄

肩部下去聲

地殿王丨神丨宮丨丨閣有物之實曰丨不實曰有靛染衣曰丨有洋丨藍丨

坡莠音友即害苗之草也俗曰丨用其義也辧丨事凡事之初行者曰試丨已行曰開丨

喜莧菜名有多種紅白赤丨等名又有馬齒丨

肩部下入聲空音不錄

29 扛部上平聲

柳〇

邊楓丨樹江丨方姓也

求扛兩人共負一物曰丨缸水丨盛水之器光天丨平旦也窗丨明也

去糠米之皮也粗丨糟丨康姓也穅粗丨米殼也

地當自任之也自丨敢丨膛目下垂也

坡〇

他湯滾水曰丨有清丨甜丨

增庄村丨原丨嫁丨莊姓也又商家之字號自稱曰本丨磚陶器也紅丨青丨甎同上

粧粉飾也丨神妝婦丨女丨修丨裝丨貨丨物丨箱贓非禮得財曰受丨有官丨賊丨追丨

入〇

時桑丨葉丨樹丨椹日出于負丨霜露結為丨丨水丨雪孀丨婦丨守婦人失偶

酸醋之味也丨鼻又有丨枳喪父母死時曰居丨酸望梅則齒丨

𩧢良馬也痠遠行則足丨丨疼狻丨猊

英秧｜苗早｜晚｜種初發曰｜

文〇 語〇

出倉儲積粮米之所曰｜米｜谷｜船｜ 艙舟中每格曰船｜ 邨同上村字

村鄉｜｜庄｜莊三家｜杏花｜

喜方東西南北曰四方又地｜葯｜ 荒田園｜蕪曰抛｜土音

扛部上上聲

柳女男｜｜子又星宿也 ⿰皮耎柔皮曰｜ 愞柔弱也 輭柔｜又耎輭同

⿰衤耎衣縫也 ⿰耎皮柔皮也

邊本水原木｜又根｜資地也

求卷｜帙也投｜閱｜滿｜ 捲｜舒｜則束之舒則放也 卷畫｜收也

婘權收也 睠反顧也

去〇

地返原音反土音則以返為｜用其字之義也又轉仝

坡〇 他〇

增〇 入〇

時耍戲耎也挑戲也好｜又曰勿｜

英姆伯之妻俗稱曰亞｜ 姥同上山名

文晚日暮曰｜早｜今｜

語〇 出〇

喜〇

扛部上去聲

柳〇 邊〇

求貫錢吊曰｜又｜索 鑽鉄之加堅者曰｜鉄｜

去勸宛轉規人曰｜相｜｜導

地當以物為質曰｜｜曆｜物｜田
坡〇
他脱原音脱也即脱也如今以｜曰｜用其義也
增塟棺木上山曰｜安｜埋｜鑚｜穴隙也
入〇
時算｜數法打｜｜筭同上蒜菜名｜頭輭｜
英〇文〇
語〇
出刺｜繡｜客｜史穿也佽便利也比也助也
喜〇
扛部上入聲音空
扛部下平聲

柳郎稱婿曰｜｜君又令｜又公｜列｜
邊〇求〇
去〇
地唐姓也塘池｜波｜小｜長｜短腸肝｜大｜小｜九曲｜脹同上
堂祠｜廳｜大｜公｜
坡〇
他糖蔗｜飴｜蜜｜餹同上
增〇入〇
時〇
英黄戊己屬土其色｜又｜姓也
文本門出入之由｜户也們｜生我｜你｜
語〇

出床 睡｜炕｜卧｜｜琴 牀 同上

喜園 田｜花｜菜｜｜林｜池

扛部下上聲

柳卵 原音戀字屬｜今以卵為｜用其義也

地丈 十尺為一｜ 斷 不接曰｜如割｜

喜遠 遥｜曰｜僅用其字義也

扛部下去聲

邊飯 三餐曰｜食｜又干｜曰｜希｜｜曰粥

地叚 一限曰一｜又地｜ 緞 絲紬綾｜

增狀 ｜詞告｜又寫｜

文問 借｜訊｜求｜｜字｜路｜津

扛部下入聲 空音不錄

30 弓部上平聲

柳　鈴 銅｜馬尾｜又｜印圖章也

邊　崩 正音山｜壞也堤｜

求　弓 重｜百斤又｜弦｜影　經 ｜緯｜綸｜史｜營｜濟　宮 垣內之室曰｜｜殿｜室　供 ｜給｜應｜養｜奉　更 ｜新｜易　涇 雍州之川曰｜｜渭

荆 ｜州｜門又負棘｜又拙｜又｜　矜 矛拓也自｜哀｜｜憐｜式｜誇　鶊 鶬｜仲春則鳴　賡 ｜颺｜歌

去　卿 三公九｜又君稱其妃曰愛｜　筐 竹器也｜籠所以盛米谷也　兢 ｜戒慎也又戰｜｜

地　丁 十干名丙｜又人｜　登 ｜山｜高｜樓｜數　灯 ｜火｜燭　燈 同上｜籠　玎 玲玉聲　釘 鋏｜銅｜　僜 倰｜醉行也

鐙 同灯　徵 召人曰｜又｜驗｜聘｜粮｜收　疔 外科症有｜瘡　叮 ｜嚀吩咐也　仃 伶｜孤苦也　伶 ｜獨行也　罟 網罟也｜小

酊 酩｜大醉也　簦 笠而有柄曰｜擔｜

坡　烹 ｜茶｜煉｜煮

他　窗 屋穴曰｜天｜｜門｜壁上　牕 同上又囱同　窻 又同上芸｜　汀 ｜州地名　桯 牀前几也

增　貞 志操以正曰｜｜守｜節　偵 伺候也又｜探　曾 三代高｜祖又曾　僧 和尚曰｜尼｜　增 ｜減｜刪　憎 惡之曰｜　鍾 ｜情｜愛

鐘丨鼓樂器也 埩理也治也 征丨討丨戰出丨長丨 佂遠行貌又懼貌延也 舂丨米傭丨 娫女人端莊也 踳踼也 甑飯具也

箏樂器也鼓丨風丨 睛眼中也童子 精丨粗丨細丨工丨靈丨髓 烝以瀛吹物也丨梨又進也 蒸同上又冬祭也 [illegible]骨丨勞熱也 睁不悅視也

禎休祥也 錚鉄声也 罾魚網也 蔳黃丨草名

入〇

時升斗丨十合曰丨十升曰斗 陞登也陟也高也 生書生學丨門丨 笙十三簧為丨吹丨吹簧 勝足也 旌丨旗行丨 猩丨丨獸而能言

腥丨氣也 昇日上也又丨平 鯹魚臭也

英英丨國丨雄丨俊 鶯黃丨鳥而善鳴者 嬰乳子曰丨育丨丨兒 鸚丨鵡鳥而能言 櫻丨桃果名 纓冠丨冠上之系也 嫈丨孩赤子也

膺胸之別名服丨撫丨 應亦丨 鷹鷙鳥也捕小鳥而食 蔦同鷙 嚶丨丨鳥鳴也 瑛玉光也 癭丨瘡也

罌缶器也即甕也 譍語言對答也 渶水名也 瓔丨石似玉也 媖女人美稱也 翁姓也

文〇 語〇

出清水丨心丨又大丨皇丨 稱丨謂尊丨 称同上

喜興旺也起也夙丨丨於詩丨衰 㒷同上 亨丨通元丨 胸丨胸懷丨背 馨丨香

弓部上上聲

柳 隴大阪之地也丨畝埔丨 壟丘丨冢也墓也又丨斷獨登 壠同上又田中高地也

邊 秉以物握物曰丨丨鎬 炳明明也又烺丨丨然 偋陰也斥也隱僻也 屏丨氣丨人擯而棄之 昺日光也

求 竟盡也究丨丨有 境界也地也 競爭也鬥也丨渡丨爭 景丨物丨星勝丨又日光所照也 警丨察丨戒丨報丨惧 儆戒也 獍獸而食其父也

去 肯心所甘願曰丨又丨構丨堂

地 頂物之上者曰丨丨巔丨上 等同類曰丨尔丨某丨 䓁同上又丨苐也

坡 〇

他 挺特出曰丨丨身丨胸 艇船也小丨花丨 逞矜而自呈也又盡也 侱同上径也 侹長貌健直也代也又敬也 頲禾穗也垂丨丨異 頴同上
穎同上木末也 誔詭詐 町田區畔埒 𡈼善也澄也 郢楚之都也 ⿰身廷身直也 梃勁直也

增 種丨類人丨物丨萬丨丨族 腫肥丨肉丨

入 〇

時 省丨察自丨曾子日有三丨 偗長息貌

英湧水遇風則起｜浪也波也濤也

文孟盤也長也優也猛烈也勇也又獸茗茶之名曰｜又香｜杯｜烹｜錳鐵之一類也皿盛食物之器｜艋小舟也酩｜酊大醉也

語○出○喜○

弓部上去聲

柳○

邊并行家佣錢又扣九八外加二分名曰并佣

求敬恭主於中曰｜更再也重也又也

去慶｜賀相｜喜｜罄石樂也懸｜磬同上

地椗船｜有鉄｜中高｜連｜｜元凳春｜儿椅也磴石｜鐙馬鞍有｜沓｜

坡聘｜礼｜賢茅盧三｜騁馳｜馬直走也

他聽正音以耳受之曰｜打｜兼｜

增衆三人以上曰｜｜人｜事公｜証認｜定｜有｜據干｜政｜府｜事布｜仁｜德｜訂｜以為約｜期｜約證言以徵信曰｜見｜明｜

入〇

時勝 |負|敗又|會|友|迹尋| 僂 同膢 聖 俗神前問事用筶有陰陽|之別也

英應 報當其施曰|又有|對|答|誠|承

文〇

語〇

出銃 鳥|腿|番仔|六响|响|之別 稱 事勝其任曰又等也

喜興 喜|發|起|凡合心之事則有|

弓部上入聲

柳〇

邊迫 緊|追|强|急|又逼仝 伯 封爵公侯|子男 偪 同廹又逼通 逼 為勢所| 拍 |掌|案 柏 松|翠|黄| 煏 以火焙肉也

求激 水性就下走之則能上走也 菊 花名秋|黄|賞| 鞠 同上陶潛愛| 棘 荆|荒櫼也 僰 同棘|人屏之遠方 儌 行也 礉 刻也少恩也

戟 戰具也戈之双勾曰| 偈 |促言其甚緊也 革 皮|又|除|舊 翮 大鳥之翼也六| 檄 羽|移|以召兵也 跼 |促不伸也 亟 速也

撠 持|也 殛 誅也 覡 男道曰|能見神也

去 刻 苛求曰｜又｜薄又雕｜又｜剝 曲 不直也屈｜｜尺又調也詞｜唱｜ 擊 以物撞物也莭｜磬｜皷｜

地 德 道｜功｜仁｜行｜ 竹 中空外直有莭綠｜翠｜｜林 嫡 子之正者曰｜｜娘｜子｜孫 的 確指其實也｜是｜確 釞 鐵器也

坡 珀 虎｜墨｜ 碧 深青之色也｜玉 魄 人之軀殼曰｜三魂七｜ 辟 能出威法者曰｜百｜｜公 闢 開也｜玉｜佛又啟也避也 匐 匍｜伏地也又急趋

劈 鑿而開之曰｜ 躃 跛｜足不能行也 癖 食不消之病也小兒多有 闢 塞也 擗 拊心也又｜踊哭泣 擘 巨｜出人羣者也按｜大指也

他 忒 差｜又更也忑仝 禿 頭上無髮曰｜｜頭｜筆 勅 使令也｜文｜令 敕 同上 慝 穢也隱惡也 惕 怚｜驚惧也又忑仝 忕 貪｜

剔 觧也割也治也 痜 頭瘡也 陟 登也升也進也｜彼高岡 畜 六｜養｜ 隲 陰｜ 忑 忐｜虛怯也 飭 整｜謹｜

惄 飢之意也

增 則 立法曰｜本｜｜例 叔 父之弟曰｜ 積 堆｜蓄｜儲｜久｜ 燭 灯｜紅｜蠟｜ 稷 即高粱也又后｜播百谷 僁 小也 畟 治稼嚴利 讋 鬼厄也

入〇

時 適 由此往彼曰｜安｜便｜ 識 見｜有｜知｜審察曰｜ 式 可作模範法度者曰｜ 色 五｜物｜ 晳 明也 息 利｜休｜又止也 悉 無餘

曰｜｜數｜如 媳 子之妻曰｜｜婦 熄 ｜灯｜燭滅火也 偲 ｜｜小聲也 夕 初昏曰｜朝｜｜陽 汐 海潮夕起也潮｜ 瑟 琴｜樂器也 析 破木也

蟋 ｜蟀也 軾 車前也又人名蘇｜ 懎 性急也 飾 妝｜首｜又修｜ 釋 分解義理曰｜又｜加佛號 嫡 女子嫁曰｜ 窄 陝也

檖丨穟雨具也　舄履也鳳丨秀丨　螫毒虫也　穡稼丨又歛穀曰丨　蹐跼丨恭敬也　唶嘆也又以口嘆氣也　嗇吝也貪也

穸窀丨墓穴也　郝姓也又耕也

英〇　文〇　語〇

出　測丨星丨繪丨海叵丨不丨難丨　惻丨隱之心　側傍丨不正也　箭物斷之聲也　崱屴丨大山也　粟米丨又谷同　戚親丨憂丨又慼同

拆仲冬地裂也　慼憂也　拆開也解散也

喜　黑鳥色曰丨死色也　核審其真偽曰丨　赫聲勢大張曰丨炫丨又丨然　劾彈丨直言也　⿰忄黑惛丨也

弓部下平聲

柳　靈陰之精氣也人為萬物之丨　灵同上丨巧心丨　寗庸丨又丨靜　龍鱗虫之長潛丨飛丨　能勝任曰丨才丨丨幹　櫺窗丨也　寍所願也安丨丨靜

寧同上丨靜以致遠　凌丨丨辱欺　囹丨圄周獄也　淩丨角丨宵也　倰丨蹬行貌也　翎羽毛也又雕丨花丨　齡髫丨年丨遐丨

玲丨瓏聲之清也　菱丨角俗曰蓮角　蛉螟丨桑小青虫也　伶丨俐巧惠也　羚丨羊角也　鴒鶺丨鳥能相親愛也　姈女人巧慧也

獰丨狰形甚惡也　舲船上有窗曰丨窗　陵岡丨丘丨　裬馬腹下之帶也　零丨落雨餘也　笭丨箵魚具也　崚丨嶒山貌

凌同淩

邊 幷 合也 軿 ｜車女車也 騈 双也對偶之文曰｜文

求 貧 原音頻俗以｜曰｜謂其｜乏也用其義

去 硜 猶碌碌也 罄 空也盡也又樂器也 磬 同上又罄仝 檠 正弓弩之器也又架也 脛 脚｜也膝下骨也又直似物莖 婙 長好也 詷 伺候也

鯨 海中大魚也李白騎｜ 莖 草木榦也 俜 送行也 擎 以手舉物也 窒 空也 黥 黑刑在面也 扃 門關木也

駉 俊馬也 絅 急引也 迥 寥遠也光也 餇 飽也 ⿰木冋 枰牀也 坰 林外地也 泂 遠也

地 亭 ｜榭雨｜十里｜長｜ 葶 草名｜藶 重 ｜復又也再也

坡 平 地無凸凹曰｜太｜公｜昇｜ 伻 使令也又急也 朋 同類也又友｜親｜ 凴 ｜據也又倚也｜欄 評 公論也定也又月旦｜ 倗 輔助也 憑 ｜单｜據

以此爲｜ 俜 伶｜俠也 硼 矾類｜砂也 娉 ｜婷美貌 姘 除也又男女私合也 凭 依也倚也 枰 棋｜也 坪 地磚也

澎 ｜湃水湧也 帲 ｜幪屋蔽也 淜 風擊物聲也

他 停 止息｜車｜驂 廷 朝｜內｜尉｜ 廷 同上 庭 ｜階家｜ 騰 飛｜雲｜蛟｜ 澄 ｜清海｜ 澂 水靜而清曰｜

霆 雷｜聲也 滕 ｜國｜王閣 謄 抄寫曰｜錄 筳 維操絲管也 䮠 馬住也 婷 ｜娉｜美好也 縢 繩也約也

蜓 蜻｜ 螣 ｜蛇似龍飛天也 諪 調｜相商也 塍 田畦也 酲 酒未醒也 憕 心平也 驣 馬躍也

徵 創戒也

增 尝 |聞|思敨筆之詞 嘗 同上 曾 未|已|經|何|乃語詞

入 仍 再也又也因循也 另 同上如|者某事又|居也拆開也 陾 ||築墻声

時 成 |就|敗|家|功 誠 |敬|實|心|意 丞 |相縣|又助也承仝 承 |受|命|接|恩 乘 算法有除加減| 郕 國名又邑名 盛 以器承物曰|

塍 田畦也

英 螢 |光入夜其腹有光出也 熒 灯燭之光也

文 明 文|光||月|心| 鳴 物不平則|鳥|雞|蚻| 盟 |誓山|拜| 銘 |心|刻稱揚功德曰| 盲 目|心不|又眼不見物曰| 冥 杳|幽|

萌 草初生也|芽 暝 久也晦也晦| 螟 |蛉小青虫也蜂養為子 蓂 堯階|莢瑞草也 溟 ||小雨也 明 同明光也 甍 屋棟也

語 迎 |神|接|送 凝 結也如霜|烟|氣|

出 情 |面|意|理人|親|事| 橙 果名用皮不用其肉

喜 形 |影|象物|山|人| 刑 |法|罰|具相|行| 恒 久也常也月||情 王 姓也 研 發|砥| [刑/皿] 鑄器也 荇 |菜

弓部下上聲

柳 令法｜律｜使｜旗｜縣｜ 苓葯名茯｜ 佞巧捷也又才也又奸｜

邊 並兩也比也｜立｜肩 竝同上｜驅相｜ 併｜吞兼｜如秦之｜六國 傡俱也列也

求 竟盡也 競争也鬭也好勝也

去 虹原音洪也俗呼｜曰｜用其義也

地 鄧姓也又地名 蹬蹭｜失勢也

坡 口暹人市中賣物架子曰擺｜

他 待原音召上聲俗以｜曰｜用其義也

增 淨無雜曰｜干｜潔｜ 靖安定曰｜平｜又｜共謀也治也 婧貞｜女也 諍救正也止失也

入 孕有胎曰｜｜育 媵從嫁之女曰｜ 賸送物而加以物曰｜又物有餘曰｜

時 盛凡合時之物曰時｜又如草木之茂｜ 乘禦也駕也如車馬之千｜萬｜ ⿰車乘副車也 晟日光充｜也又熾也

英 〇

文 命正音以尊令卑曰｜君｜父｜母｜

語〇出〇

喜幸 非份而得之曰|有|僥| 倖 僥|非份而得也同上 杏 果名又花名紅|白| 行 德|品| 悻 很怒也

弓部下去聲

柳口 與緊對俗謂食用有餘者其家曰|

增曾 發語之詞如|不思|是以為孝 嘗 發語詞也|聞|思又会仝

英用 費|家|使||物|事

出穿 原音川俗謂|衣|衫褲曰|此用其義也

此外上下俱是空音不錄

弓部下入聲

柳陸 高平之地曰|大|水| 勒 馬之銜鐵曰|馬|肚 菉 |豆有粉|明| 綠 深青之色曰||柳|楊 竻 竹根也 櫟 樗|無用之散材 肋 脅骨也

泐 石解散也 躒 動也卓也 [足+歷] 足所經踐也 癧 瘰| 肉 肌之捴名也食|魚| 溺 小便曰|又人沉於水中曰| 匿 逃|藏|隱|

暱 狎|親| 礰 礔|激之而加响曰辟力 嫋 淫|也 恧 愧慚也 忸 |怩顏厚也 衄 鼻血出也 衂 刄傷也

瀝 餘滴也又漉去水也

邊〇

求 局 公|總|設|開|賭|又有善後| 極 盡也無以加之也曰|無|太|以及南北|

去〇

地 鹿 麋|北|指|角|茸 特 無耦曰|如|立|等|達|科 值 遇也當也逢也 覿 私見也 蟄 驚|節名也 笛 樂管七孔也|橫|牧|吹

篴 同上直者曰簫橫者曰 狄 北方有|人夷|戎| 逖 遣也 荻 |花蘆| 敵 相對之軍曰|軍抵|對|破| 軸 |車卷|轉|机| 滌 洗也|衣

蕩| 翟 雉羽也又姓 舳 |艫千里極言舟之多也 苖 羊蹄草也 廸 進也 轆 車軌道也 螣 害苗虫也

坡〇 他〇

增 澤 川|江河之類也又恩|膏| 一 數之始也 壹 同上又壼同 入〇

時 熟 葉|則落物|則爛事|則工藝|則巧

英 奕 |碁博| 帟 小幕也 億 十萬為|又安也又|則屢中 浴 洗||塘|盆 溢 水滿則| 嗌 咽也氣不通也又嗌仝 臆 胸|又|說

澺 水名 弋 以繩繫矢而|之|鳥 液 口中有精|又精|太| 掖 扶|挾|扶挾也 翼 羽|又|日又星名 翌 同上 易 移|貿|交|以物換物也

翊 飛貌又敬也 譯 通｜四夷之言也｜書 腋 臂下曰｜又集｜成裘 墿 軌道也 弈 圍棋也又同奕博｜ 圛 回行也 斁 解也厭也明也終也

繹 絡｜不絕又長也終也 懌 悅也

文 默 不言曰｜暗也｜然｜識｜書 覓 尋｜又索也求也 嘿 緘｜與默仝 陌 田連阡｜東西曰｜ 驀 越也忽也 貊 蠻｜夷人也

語 玉 石之美者曰｜美｜寶｜良｜ 獄 四禁罪人之處曰｜牢｜又斷｜ 鈺 寶也 逆 不順曰｜又返也

出 嗽 俗謂咳｜曰嗽同其義也

喜 口 俗謂勞力太過曰｜

31 龜部上平聲

柳 奈 ｜者不銳之謂也

邊 捕 巡｜｜盜｜獲｜亡 哺 ｜啜又嬰兒待｜ 蛹 ｜螺吹｜

求 亀 介虫之長也｜鶴｜壽｜冥 龜 ｜龍同上 拘 擒也獲也捕也｜繫｜束｜人 姑 苟且也｜息｜寬｜免 蛄 螻｜善鳴虫也 駒 白｜馬之善走又老馬恋恋｜

姁 ｜｜和好也 痀 曲脊也 辜 罪也無｜ 觚 ｜盛米之器也｜盛適二升 奭 斜視也

去 區 地界曰｜別也每縣分幾｜ 坵 田格也如田之每格曰｜ 樞 户｜又｜密｜机天｜ 驅 策馬曰｜馳｜逐也 祛 袖口也又舉衣貌 佉 同上 毆 ｜逐｜魚

傴｜僂老人也不伸貌 嫗老婦也 袪禳也逐也遣也 胠脅也又發也開也 軀身｜又軀仝 嶇崎｜不平貌 摳｜衣也 軀身｜也

地 蛛蜘｜吐絲結網也 株木之本也根｜ 誅明正其罪也 姝美｜好也

坡〇 他〇

增 朱赤色之深者衣｜顏｜唇｜ 硃石色深青者丹｜銀｜｜砂 珠老蚌生｜真｜寶｜夜光｜ 侏｜儒人身之矮者 銖曰錙百利｜黍物五之之｜重錙曰 諸語助詞也｜事｜几

組｜織｜綬解｜ 且行不進也 疽癰｜病也 蛆蝇化｜糞｜ 齟｜齬齒不相值也 怚驕也不精也 鯫小魚又小人自稱｜生

趄趦｜欲前不進也 伹拙也 徂往也存也 咀含其味也 緅紺｜色也 苴麻也 茱｜萸葯名 諏謀也聞政也

陬阪隅也又聚居也 沮水名 洙｜泗水名 掫擊也 袾｜襦短衣也 瀦水停也

入〇

時 需用也財物為人所必｜ 胥吏之賤者曰吏｜ 須語詞如｜臾無｜ 濡｜滯不順也 嚅囁｜言難吐也 輸負也不勝也 舒暢也開懷也展也

偦有財智者之稱 諝同上有智之稱又詐也 嬃女子字也

英 于同於又姓也 盂飯器又缽缽也｜ 吁歎詞又發聲也｜喚 迂｜濶遠也 嗚歎辭 汚水不行也又｜穢濁｜ 杇塗｜一作圬

芋｜頭似蓀葛 汙同汚濁水也又水不行也 樗｜櫟無用之材也 恶何也 盱張目望也 嘑大聲｜也 謣妄也言

雩求雨之祭也 圩坼以扞水也 呼同吁發聲也相｜招｜

文〇語〇

出趋疾行也少｜步｜凫｜ 趨同上｜進小走也 芻草也｜蕘｜靈束｜又芻仝 菆草叢生也｜箭｜麻 雛鷄｜鳳｜又｜仝 𪡏呵叱人聲

喜夫｜君｜子｜婿農夫樵｜工｜ 敷用也｜用｜陳｜衍 膚肌｜皮｜髮｜ 孚信也中｜相｜ 蚨青｜錢之別名 俘取也獲也獻也 腐朽也敗也

莩葭｜之親麻有子也 玞珷｜石似玉也 趺跏｜大坐也 鄜｜州地名 砆碔｜馬能亂玉 秩黑稻也 鈇｜鐵斧也

麸麥皮也

龜部上上聲

柳魯國名東｜西｜又｜鈍愚｜ 屢事之常也｜次｜常 嚕語也 鹵西方塩地 褸襤｜衣服敗也 窶貧陋也無礼也 虜｜掠也｜禁也

嘍｜｜多言也

邊補正音衣破則｜之又｜其不足

求久｜遠｜長｜年 韮葷菜也又冒雨剪｜ 蠱｜母巫｜又卦名 蝦大也固也長也 盬監視也

去罟網｜魚網也 苦正音黄連味也

求 久 ｜遠｜長｜年 韮 韮菜也又冒雨剪｜ 蠱 ｜母巫｜又卦名 蝦 大也固也長也 監 監視也

去 罟 網｜魚網也 苦 正音黃連味也

地 楮 紙也又寸｜ 覩 視無所障曰｜ 睹 同上 堵 墻｜

坡 圃 正音｜園也 甫 正音稱人之號曰台｜

他 土 正音土地也

增 主 君為民之主父為子之主 麈 群鹿之長為｜又｜談｜拂

入 乳 柔也湩也胎｜人｜牛｜羊｜ 愈 較勝曰｜ 瘉 病痊曰｜ 孺 ｜子也

時 暑 仲夏之月有節氣曰小｜大｜｜氣 曙 天將明時曰｜ 黍 谷類也禾｜｜稷 渚 小洲曰｜江｜ 墅 田廬也 緒 頭｜端｜心｜

杵 搗衣用｜砧｜｜臼 翥 鳥飛也鳳翔凰｜ 署 縣｜府｜衙｜ 潳 溝也 褚 裝衣也

英 羽 ｜毛｜翼｜衣｜扇 禹 夏王號也王又舒也 宇 ｜宙屋｜ 偊 ｜｜行貌又曲躬也 齲 齒蛀也

文 武 安邦用文治國用｜｜略｜備｜庫 撫 安｜｜台｜與 憮 愛也 侮 輕妄於人曰｜君子不受｜ 舞 歌｜飛｜｜媚 鵡 鸚｜鳥而能言也

鴞 同上 嘸 ｜然應聲也 珷 ｜玞可以混玉 碔 同上 腜 大指也又曰將指 拇 同上｜戰俗謂打酒媒也 膴 肥貌

拊擊也同撫｜鼓｜心｜膺

語〇

出取以物授人曰｜又｜與不笑不｜娶男子授室曰｜嫁｜㩉促也處分｜酌｜調｜

喜府藏也聚也州｜｜庫知｜俯｜仰｜伏｜首俛｜曲也俌輔也父尚｜仲｜亞｜尼｜腑臟｜肺｜六｜滸水涯也黼白黑相間為文曰｜｜黻

釜俗曰鼎也鬴六斗四升曰｜俛｜仰與俯仝又頫仝㕮咀嚼也上古無刀以口咬物使其細也頫與俯仝用也｜首

龜部上去聲

柳〇

邊富裕於財曰｜｜貴｜豪佈遍也｜施｜政｜德怖恐也畏也

求故有所因曰｜｜是｜舊句詩｜｜讀成｜顧回首視物也｜看｜迴｜內固｜結｜心堅｜鞏｜灸灼也以之療病也針｜錮鈹塞也佝短醜貌

涸寒凝也閉也

去褲正音

地著｜述｜作｜名偖同上斁敗也

坡〇

他兎 正音

增註 著明其義曰｜｜釋｜解字｜ 蛀 虫嚙物曰｜蟻｜｜爛｜壞 鑄 五金鎔化作物曰｜｜釜｜錢｜元寶 蠹 虫在木中曰｜同蛀也 注 水流射也

入〇

時庶 森然齊到曰｜民士｜又近也 訴 歷言其事曰｜｜告｜冤｜情 絮 柳｜棉｜絲｜ 餗 吃也 溯 而流上曰｜ 泝 同上｜逆流洄順流也

洓 與訴同又同泝 恕 推己及人也忠｜相｜ 素 繪事後｜｜白色也 塑 ｜像以泥為人之形也 遡 ｜洄從之順其水之性也又同泝

英惡 好｜眾｜必察又恥也 塢 山阿也又壘壁也水｜船｜泥｜ 噁 怒貌

文〇 語〇

出厝 民居瓦屋曰｜草｜瓦｜塗｜ 處 所在之地曰｜何｜遍｜ 趣 心之所好者又志｜妙｜有｜ 措 ｜置｜詞｜作｜手凡所造作者曰｜ 覷 伺視也

喜賦 詩｜詞｜稅｜責取也 赴 ｜京｜會｜任 付 畀也交也收｜ 副 正｜凡物有正則有｜ 訃 告凶曰｜｜音｜聞 傅 輔相太｜少｜ 賻 助以喪財也

龜部上入聲 空音

求吸 原音級茲用吸作｜按｜本空音也而｜則氣入故以吸代之用其義 俗作咕非

增吸丨亦氣入也两音雖別其義一也故亦用吸字以代之葢用其義也 俗作吐非

按龜部上入聲俱係空音潮俗咕吐两音有音無字用吸代之

龜部下平聲

柳蘆丨荻丨花又胡丨 芦小寫同上 廬居丨墓丨草先主三聘茅丨 壚剛土也 摟丨掠丨刦人又擄仝 婁人名又星名也 嶁山名

螻丨蟻 僂傴丨危身向前曰丨 縷絲丨甚細之物也 纑同上 獹犬也 鏤丨金丨刻 瀘水名也

髏骷丨枯骨也 簍竹器也 臚皮也又傳丨又丨列 艫舳丨船也 艛樓船也 轤善轉員木也 虜掠也獲也北狄曰丨

邊匏丨瓢丨瓜胡芦丨 瓠同上 炮以火燃物曰丨丨茶丨水

求〇 去〇

地櫥衣丨食丨櫃丨 蹰踟丨行不進也

坡浮丨沉輕丨上丨 蒲草也可以織席又丨田地名 簠盛黍稷之圜器曰丨簋 葡葡萄果名 蒱樗丨戲也 莆丨田縣名

菩丨提佛櫥也 蜉丨蝣虫也 桴眉棟也

他徒門丨生丨丨然丨此 圖丨謀宏丨希丨有所希異曰丨 途半丨長丨問丨 躇躊丨不進也 荼苦菜也 儲丨貳丨君丨積 酴丨醾

增〇

入 儒士人之稱也｜士｜業 如相象之詞也｜此相｜不｜ 伽均也 庾裕也 俞以中空之木為舟曰｜又語詞又姓 臾須｜ 逾越也又過期曰｜期

嬬弱也 茹葷菜也又竹皮也 瑜玉之美者又瑾｜ 愉悅也也薄 窬穿｜小賊也 榆木名枌｜桑｜ 婾政令也

獳犬怒也 筎竹皮葯名竹｜ 萸茱｜ 襦短衣也 曘日陰也 腧五臟｜穴 覦覬｜希望也

諛諂也 毹毡｜也 揄揶｜侮也 懦｜弱畏事也

時 蜍蟾｜三足之蛙也又月魄也 殊絕異曰｜逐雞聲不｜｜異

英 娛賞心曰｜｜親歡｜ 喁聲之相應也 唔咿｜讀書聲也咀｜ 鼯｜鼠能飛其技只此 圄囹｜獄也 娪美女也 祦福祉也

吾我之自稱也 齬齟｜齒相值也

文 巫以舞降神也｜婆｜女老｜ 蕪草也薪｜荒｜ 廡環堂之屋也兩｜廊｜ 誣荒｜事非其實也 鶩鳥名 騖馬亂馳也

語 牛牧｜牽｜騎｜又風馬｜

求 具物偹曰｜謹｜文｜器｜具類 俱皆也偕也具也 颶狂風四方皆作曰｜ 舅母之兄弟曰母｜妻之兄弟曰妻｜ 懼恐也

出 徐｜｜緩也｜行又從容不迫之意 俆同上 滁｜州九江郡名也

喜 胡牛領下肉也又含｜｜塗｜為 互交也支｜相｜｜市 蝴｜蝶飛虫也 葫｜芦｜瓜草｜ 符｜合｜契｜法｜咒兵｜ 鳧野鴨也｜趋 湖五｜江｜｜海

衕｜衕街巷也 餬｜口寄食也 狐｜狸｜疑｜惑 苻萑｜又姓氏｜秦 猢｜猻猴也 瑚珊｜｜璉 弧弓之別名｜矢懸｜

壺瓶類有方圓之別 醐性滑味甘醍｜ 楜｜椒其性辛 鳶紙｜

龜部下上聲

柳 輅｜車又大也迎也 賂以財私人曰｜賄｜ 潞冀州之浸也｜河｜州｜黨 鷺鳥名白｜水中鳥也

邊 捕緝｜巡｜武萤官也

求 具物俻曰｜謹｜文｜器｜具類 俱皆也偕也具也 颶狂風四方皆作曰｜ 舅母之兄弟曰母｜妻之兄弟曰妻｜ 懼恐也

去 皿春米之器曰｜有石｜灰｜柴｜杵｜ 地潮俗呼雞之聲曰｜｜

他 安南船初入口之處曰頭｜

坡 ⿰山溥安南俗稱邦長曰翁｜即稱府也

增 住止處也居｜｜宅｜家｜址 駐停驂處也｜馬｜驛 炷拜神上香曰一｜ 聚眾物齊集曰｜貨｜財｜ 埾積土也 跓止步也 酢酬答也

祚福祿也 胙祭肉也 阼｜階也

入 裕 有餘曰丨殷丨富丨丨民丨國 諭 曉之曰丨上丨聖丨曉丨示丨 喻 明白事理曰丨譬丨引丨 踰 越也丨垣丨矩 孺 乳子也又婦丨 龥 疾首號呼也又和也

時 序 四季曰丨時丨次丨輩丨庠丨 敘 同上有條不紊曰丨次丨丨述 敍 同上 竪 直立曰丨丨棋丨立丨碑 澍 滋植也 樹 丨幟丨聲也丨德又植

耇 老人行貌 豎 童僕未冠者小臣也小吏也又立也

英 有 物之已著曰丨丨餘丨便

文 婺 女星也中天丨煥 務 公丨事丨要丨商丨義丨

語〇 出〇

喜 輔 夾助曰丨相丨左丨夾丨 扶 若顛仆者而丨力之丨杖丨持丨 負 勝丨背丨丨拖丨人 附 丨丨車丨驥船尾 怙 恃也無父曰失丨 婦 丨人丨女丨道丨德

丨工丨容 媍 同上 阜 高地曰丨又立陵也立丨 鮒 丨魚困於涸轍 [山扈] 小山也 護 保丨又助也 穫 刈谷也 鳸 鶡雀曰丨

扈 後從也 偩 依附也 滬 水名申江也上海別名 詂 有所依丨 坿 益也 蠖 屈伸之虫也丨屈 煦 丨丨恩也又烝也熱也 祔 附墓丨祭

祜 受天之丨福也 誧 助也諫也 駙 丨馬近也疾也 岵 瞻望也父 沍 寒凝也

龜部下去聲

求 舊 新丨物老則丨丨鄉丨家 故 與舊通丨國丨友丨園

文霧 雲｜烟｜發｜陰陽不分則｜ 只此三字其餘空音不錄

喜腐 豆｜香｜醬｜臭豆｜

龜部下入聲 空音不錄

32 柑部上平聲

求柑 果名有青｜朱｜

地擔 肩上挑物曰｜｜担｜物 此外俱係空音不錄

時三 數也又叁仝 衫 長｜短｜男女｜

英口 掩蔽其耳目俗曰｜

柑部上上聲

柳拿 以手執物曰｜又擒人曰｜又拏仝 那 ｜里｜件｜知其義與何同也又挪通 欖 橄｜果名

求敢 凡事不畏曰｜又勇也能也

地胆 中清之腑曰｜｜料事能中胸中有｜ 膽 同上

文媽 父母之母俗曰阿｜ 瑪 ｜瑙石美似玉

柑部上去聲

求酵 酒母也釀酒之料曰｜酵母起｜ 粰 同上

地咀 發言曰｜｜藴 担 百斤成｜两頭亦成｜土音 四字之外其餘空音不錄

坡怕 畏也俱也駭也皆屬有所｜ 冇 不實曰｜谷｜空｜

語愚 俗謂｜曰｜凡事無所知也

柑部上入聲 空音不錄

柑部下平聲

柳籃 竹｜市｜吊｜又姓 林 土音曰樹｜ 藍 姓也 單一字其餘空音不錄

柑部下上聲

地淡 清｜色｜味｜浮｜ 澹 同上｜雲｜月 擲 抛｜｜果 躑 ｜躅不能進也

單此一字其餘空音不錄

柑部下去聲　空音不錄

柑部下入聲　空音不錄

公部字母同上重音不錄

33佳部上平聲

柳〇　邊〇

求佳美也妙也｜妙｜音｜人｜作　嘉譽人之美善曰｜｜謨｜猷　加凡物增高曰｜｜冠｜官｜級　茄菜名即落蘇也　伽同上｜藍即佛號　笳胡｜乃胡人之聲也

珈笄上之飾也　痂瘡干則｜落也｜蛻　葭｜莩親也又華也　迦釋｜佛號也

去〇

地爹稱自己之父母曰｜娘又老｜

坡〇　他〇

增遮遏也敵也又曰｜雨｜　嗻多語也

入〇　時〇

英〇 文〇 語〇

出 賖 貰物曰丨商語曰無丨不成店丨數也 賒 同上又云貝同又曰多丨店不成丨欠也 奢 越分以自奉曰丨驕丨奢侈 車 運儎物件於陸用丨火丨連丨

喜 鞾 足衣也有干丨水丨丨皮丨緞丨又鳥 靴 同上

佳部上上聲

柳〇 邊〇

求 賈 居貨待售曰丨又商丨行商坐丨 假 反真曰丨偽也又設詞也丨如 檟 山楸也梧也 斝 玉爵也

去〇 地〇 坡〇

他〇

增 者 語助詞也又老丨少丨又豬石葯也

入 惹 解衣仓火自丨其灾也引丨自丨又丨事丨禍

時 捨 決意棄之曰丨丨心丨却 寫 丨字抄書抄丨 舍 同捨棄之之義也

英 野 曠丨埔丨丨外 埜 同上 壄 同野

文〇　語〇　出〇

喜 俗謂這個許個也所謂許個丨個

佳部上去聲

求寄 有所依託曰丨又丨語丨物丨書丨託

增炙 以火焙物曰丨俗謂燒也丨魚丨鷄丨鴨 蔗 甘丨其汁可熟糖蔗宜倒啖 柘 桑之同類其葉可以養蠶按桑有椹丨無丨

跖 人名盜丨又丨犬又足下也 墌 基址也 鷓 丨鴣鳥名 拓 猶折也拾也

時舍 茅丨客丨僧丨旅丨房丨屋也 赦 丨事丨罪天丨大丨猶寬宥也 卸 拆丨丨貨 瀉 如水由高直下曰丨

其餘俱係空音不錄

佳部上入聲

柳〇

邊壁 環堵也照丨牆丨 璧 尺丨玉之成寶也

求揭 掀天丨地又丨數丨借

去隙所缺之處曰丨丨跡丨事堤丨𡨄同上

地摘以手取之曰丨丨星丨花丨果謫有罪罰使驚曰丨丨息丨除譴丨僪無憚也擢升也舉也櫂行船之具也撑丨

坡僻荒陋之地曰丨丨地丨壤辟怪誕曰丨又不正曰丨

他拆丨散分丨又丨夥丨生理

增跡勝丨古丨事丨舊丨迹同上如衣衫不潔之丨隻兩曰双单曰丨一丨墌基址也蹟同跡又同迹

入〇

時錫丨為五金之賊又賜也

英益增丨加丨教丨丨友有三

文〇語〇

出赤朱色曰丨斥排丨擯丨面丨丨逐

喜歇休息也止也宿投丨丨店又同上止也

佳部下平聲

去 騎|龍|馬|驢千|萬|

時 斜|正欹|又月|夕陽| 佘姓也 邪不正曰|妖||魅 麝|香|狼|狗

英 爺老|少| 爺同上 椰|枳 呀嘆詞

語 琊琅|郡 鋣鏌|劍名

喜 霞雲|紫| 暇閒|不| 遐|邇|遠邇近也 瑕玉有疵曰|

只此五字其餘空音不錄

佳部下上聲

求 崎山高而難登曰|山|嶺| 靂霹|潮俗迟雷大震曰||

去 企原音冀從企立也俗曰|即佇立 跂同上即豎|久|

增 籍記事之部曰|書|簿| 藉身之所依曰|又|眷又藻也助也繩也貢獻也

社 土神曰|又|稷|會鄉|

語 迓迎也接也 訝敬謂之詞乍|

喜下上丨低也晚也後也　其餘之字俱是空音不錄

佳部下去聲

增謝丨氏姓也

時謝答丨謝丨丨禮　射丨鳥丨雁丨矢丨日丨蛟　榭亭丨台丨

英也宿脚字也　亦語助詞

只此三字其餘空音不錄

佳部下入聲

柳掠擒而穫之曰丨丨人丨賊劫丨　邊〇

求屐木丨利丨折丨又屐同　劇雜丨持丨丨甚也　揭丨竿為旗陳涉事

去〇

地糴百谷買入曰丨丨米丨谷　籴上同　荻丨蘆

坡僻偏丨路丨地丨非大道之處曰丨　他〇

增食飲丨食祿飢則思丨 入○

時席卓丨筵丨又藉也

英易周丨易卦丨經卜丨 驛丨路丨馬館丨傳舍也 馹同上

文○ 語○ 出○

喜役使用之人曰丨 額頭上天庭之位曰丨又項丨銀丨類丨

34甘部上平聲

柳口欄猪之竹器曰猪丨欄鷄之竹器曰鷄丨 邊○

求甘飲食皆足曰丨丨旨同丨味丨 泔米水曰米丨 疳小兒病症有丨積又五心肝肺脾腎之別 邯丨鄲縣名呂仙丨鄲一夢 監臨下丨臨下士也又察也領也攝也

粓米丨

去堪凡事能勝其任曰丨克也能也勝也 龕安神之位也安丨大丨神丨

地湛露盛貌又澄也 躭丨擱事有阻撓也 眲老丨佛祖也 擔負荷也又儋也 姏老女自稱也

坡〇

他貪見人之物則心欲之曰丨有丨財丨食

增針以之引線也有丨黹丨線丨灸 箴丨規良言也 簪首飾也有金丨玉丨 瑊美玉也 鍼同針 撍持也又手動也 簮首笄也

入〇

時三數目也正音 杉木之直性也 衫衣敝曰襤丨

英奄佛堂也丨堂丨院 菴茅舍也 庵廟堂也 盦丨所以祀佛也僧老尼丨

文〇語〇

出参丨天又與天地丨 傪好貌 驂駕三馬曰丨 叅参同

喜酣丨醉也 蚶蚌屬 佄同酣

甘部上上聲

柳檻曲丨欄丨 覽周視曰丨觀丨遍丨 欖鳥丨果名 繿船牽也解丨 纜同上船之大索也

艦戰船也 擥攝取也

邊 坂｜圖｜格 板杉｜木｜

求 感心動曰｜有｜恩｜德

去 坎卦名｜居正北之位 砍｜斫 嵌岸敧峻也 地〇

坡 紡｜紗｜線｜績 他〇

增 斬｜關｜將｜首 入〇

時 滲漏也涉也

英 諳達也曉也｜鍊 闇幽｜蒙昧也 文〇 語〇

出 慘苦之已極也悽｜ [illegible]同上

喜 瞰俯視也 闞望也視也 矙窃視也

甘部上去聲

柳 濫布染鳥有半｜布全｜又曰｜鳥

求 監｜臨｜督｜察｜生 鑒｜鑽也以古｜今｜察明｜台｜ 贛｜州也地名

去 勘 ｜案｜地｜屋官下鄉｜視 磡 凡地上下交低曰｜高｜田｜圍｜坑｜ 硇 崖下也

他 探 偵｜打｜

增 譖 毀人之言曰｜讒言也

英 暗 無光曰｜日｜夜｜ 闇 冥｜幽｜

出 懺 自陳悔也經｜拜｜ 讖 ｜言驗也又讖仝 釤 鐮刀也

喜 喚 呼人曰｜ 喊 同上又喊仝｜聲怒聲也

甘部上入聲

柳 拉 俗謂虜掠人曰｜布袋也

邊 幅 布｜紙｜吊｜ 剝 ｜削｜皮去也 北 南｜居於｜｜京｜闕

求 合 十｜為升十升為斗 蛤 ｜蜊｜粉 鴿 白｜俗謂粉鳥也 各 分別得清曰｜｜人｜家｜事 角 牛｜犀｜羊｜鹿｜ 桷 厝｜楹｜｜吉

去 盍 覆也合也何不也 蓋 同上 闔 閉門也 闡 同上 佮 合取也 閤 小門在內也 嗑 多言也

恰 通可也如｜合｜當｜好｜遇

地答應丨互丨相丨報丨踏跳也嗒忘懷也

坡〇

他凹陷而不平曰丨又凸丨榻卧丨曰丨搨丨下丨塌地低曰丨蹋踐也

增汁液也柳丨蔗丨礼信丨書丨劄用以奏事者紮纏束也迊周也又匝帀仝

入〇

時⿰虫習產自海邊取以燒灰颯丨丨風聲也捶擸丨糞土⿰木巤雜之類

英押當丨小丨找丨狎戲丨狎侮丨褻習也

文〇語〇

甘部下平聲

柳南於刑屬火於時為愛與他相對男測强為丨柔順為女丨子又丨爵㑲同上陽為丨陰為女楠丨木良木也古潮韓山多丨木嵐山之氣也山丨

藍似青色深又丨縷襤丨褸敝衣也喃呢丨燕語也諵丨丨多言也婪貪丨啉同上

邊〇

求 頷口中含物也又嘇仝 去○

地 濕俗谓｜不干也濕猶不干也玆以｜為｜用其義也 坡○

他 談言論曰｜如｜笑｜論｜語｜話 覃及也延也深廣也 潭溪之深處曰｜｜溪｜江｜深｜ 譚同談又大也又姓 嘾貪也 禫除服之器也服滿曰｜服

痰｜液病也 壜盛酒器也酒｜ 郯國名又姓也 餤餌也進也 曇雲布也 賧買物先付錢曰｜

增○ 入○

時 潛｜｜淚流也 濳｜｜小雨也

英○ 文○

語 岩巉｜山石眾多也 巖同上疊石成｜｜頭｜穴 壛地穴也 閻閭｜里門也

出 讒離間之言也臣｜言｜口｜ 慙羞恥也羞｜懷｜｜愧 饞不廉也又食也 嚵同上食也 巉山多石曰｜｜岩 鑱銳氣也 磛｜｜石之也形色不美 篘搔馬篚也

喜 咸與眾共之也｜知｜宜｜豐 函書｜封｜包｜又｜丈 涵廣容曰｜海｜包｜水｜ 銜中含物曰｜會｜相｜官｜ 諴和也諴也 含以口頷物曰｜｜哺｜笑容

啣以口｜物也結草｜環 菡未吐之意也｜蕊｜萏 琀殯殮物也

甘部下上聲

柳 濫洪水橫流曰丨泛丨 嚂猶貪也 㜮差也

地 淡正音丨水地名 倓恬靜也安也 啖食也倒丨蔗又俗以利丨之 噉同啖 臽猶穴也 萏菡丨即芙蓉也 髧丨髮垂也

增 塹路之界址曰路丨 站同上久立也又跕坐立不動 鏨小鏨也 𥪕同站又佔跕義同

英 頸原音景即頭頸也俗曰丨是用其義也

文 嗎俗謂之丨

喜 憾恨也無丨遺丨 頷點頭以應人也

僅此六字其餘空音不錄

甘部下去聲

喜 陷丨坑也 陥同上地崩也

只此一字其餘空音不錄

甘部下入聲

柳 諾聞命緩應曰丨應丨許丨允丨 納物相收付曰丨丨稅丨租收丨 衲僧衣也

邊 ○

求吜魚食也哈魚多貌又魚口貌呷吸而飲之

去磕俗叩首曰｜｜頭坡〇

地〇

他凹地之陷處曰｜地｜

增十小數之滿也由一而十什十人曰｜又｜物｜器雜五色相合曰｜不純也駁｜襍同上集也卡關｜立以收稅也

入〇時〇

英匣所以收藏細物也有金銀玉等｜盒同上有木柴缶等｜

文目｜乃鑒察之官也耳｜眼｜數｜墨文房之具別號松使者筆｜

語〇出〇

喜合加倍曰｜又物開而復｜

35 瓜部上平聲

柳〇

邊 飛鳥舉翼而起曰｜｜｜騰鶱｜ 杯酒｜茶｜銀｜金｜ 盃同上茶酒之具 坏山名又陶器未燒曰｜

求 瓜藤本產自土內為蓏為葛產自藤上為｜為匏

去 科｜名｜第登｜發｜又粮曰升｜又水曰盈｜ 蝌｜蚪即龜子也又蝦蟇子也 魁｜首｜星經｜ 盔頭上鉄冠曰頭｜又首鎧也 詼｜諧謂癨弄也

地 〇

坡 肧凡物之未成者曰｜｜胎 胚同上俗寫｜胎

他 頹腐敗也壞也又順也 僓同上順也 弟｜靡困窮也

增 〇 入〇

時 衰盛｜勢之頹敗曰｜又弱也 蓑｜衣雨具也

英 鍋用以煮物食也缶｜銅｜鉎｜ 鍋同上厨中用物也

文 〇 語〇

出 炊三餐食務也｜煮 崔姓也 吹｜嘘｜氣｜｜簫｜散 歈同吹以氣推發其聲也

喜 花草木吐華曰｜｜花木山｜高｜ 萼同花 灰火之餘曰｜有石｜蠣｜

瓜部上上聲

求 果|木|子|實|粒 菓同上木之有實者 粿|品以米為之者曰米|

文 每不一之稱也如|人|事|件 尾物之末者曰|首|虎|狼|

出 髓骨中之脂膏曰骨|膏|麟|鳳| 膸同上

喜 火古錯木取|按木生|五形二曰|南方屬| 伙像|即家用物也 夥|記|友合|同本曰合|

瓜部上去聲

柳 ○

邊 輩老|平|子侄|昭穆也序也 背胸|腹|按胸前|後也人之中部

求 過往者曰|已|又不是之處曰有| 髻螺|金|火|首飾也又盤髮為|曰螺|

去 卦八|易|卜|以兆吉凶 課曆家曰日|取|塾中曰出|堂| 快瓜部下去聲曰|速也急也乖部下去聲曰|暢也樂也

地 綴緝而合之曰|續也接也

坡 配比也匹也耦也|合正||耦 他 ○

增最 殊絶曰丨丨善丨惡丨烈又已極貌丨好 入〇

時歳 十二個月曰年又曰丨天子曰萬丨俗人云壽至百丨則可立亭 税 取諸商家者曰丨過丨納丨 帨 女子之佩巾也 蛻 蛇蟬之衣也 帥 軍中之主也主丨元丨

英尉 從上按下也安丨又官名太丨廷丨 慰 撫丨安丨丨勞小雅以丨我心 濊 水多也 穢 不潔之物也污丨又荒草也 熨 封之貼之又火丨帛也

蔚 丨草木茂盛也 薉 荒蕪也 薈 翳也菜也 翽 鳥飛聲 ⿰忄尉 安丨心丨

文〇 語〇 出〇

喜化 造丨教丨解丨變丨羽丨物丨 ⿱化口 同上 悔 心丨自丨貽丨后丨 誨 以先覺覺後覺曰教丨 貨 以之作買賣者曰丨商家置辦之物曰丨

晦 每月三十曰丨又昏丨晦明悟也 歳 人生以来一年曰丨百年曰百丨

瓜部上入聲

求郭 姓也又城丨 廓 同上城丨又大也廣也開也

去缺 官之有任曰丨物之不足又曰丨 闕 天子宮門双丨曰宮丨北丨又失也不恭也

時說 丨客丨話丨文丨書丨白 刷 油丨棕丨紙丨皆用物也

英噦 氣逆上也嘔丨

出 啜以口吸而吞之曰｜

其餘空音概不錄

喜 血肉之脂膏曰｜｜肉｜氣｜脉

瓜部下平聲

邊 賠尝也｜物｜地｜款如欠人一物以物尝之 陪併也伴也如｜客｜酒 醅未瀝酒也又醉飽也 培栽｜培植如｜蘭植桂

玻 皮革也邊也如肉之｜地之邊 裴長衣貌又姓也

文 粥稀飯曰｜廣人曰族潮俗曰｜ 媒為男女結婚者曰｜人又曰水人也 梅果名有青｜紅｜黃｜ 煤｜礦｜炭皆山之所產也

⿰米每酒母也 禖天子求嗣致祭曰｜ 脢背肉也 莓｜苔即久雨階上之苔痕也 脈脊側之肉也 枚如果之實粒數曰｜幾｜ 霉雨中之暑氣也

喜 回去而復返曰｜｜家歸｜ 茴草名｜香大｜小｜ 迴縈｜環繞之貌 佪徘｜戀戀不忍去之意 徊徘｜同上徘｜瞻眺

瓜部下上聲

柳〇

邊 倍加一合曰｜利市三｜ 佩大帶也｜服又盛感不忘之意 珮玉｜環｜玉聲 悖｜逆｜德｜禮 貝｜母葯名 狽狼｜相倚以行 棓五｜子煎汁可染布

求 很原音胡懇切事多不從人之意且好爭訟俗曰｜用其義也

去〇

地兌 卦名又貿物曰丨丨貨丨清

坡被 丨襦大丨大丨棉丨 他○

增罪 大過曰丨犯有丨犯法曰丨

入銳 鋒利也丨器丨氣丨意 叡 深明也又睿仝曹丨人名 時○

英衛 輔身曰丨輔丨侍丨丨生努力自丨防身也又丨國

瓜部下去聲

邊焙 以火炙物曰丨如丨茶丨炉丨餅

求葵 原音逵即丨樹丨葉作扇曰丨扇用其義也

增行 原音韓即行列之行也如雁行之行也今謂行曰丨字幾行曰幾丨用其義也

入芮 姓也又國名又丨城丨丨草初生短小也

英話 言語曰丨好丨甜丨 畫 繪丨圖丨字丨名丨又丨工丨筆 画 同上

文妹 女弟曰丨妠丨兄丨細丨 未 事前曰未如丨到丨有

出　覓如物之失落不見則丨之今以覓為丨用其義也　尋原音侵亦丨物之丨也以尋為丨亦用其義也

喜　伴原音伴侶之伴俗人之有丨曰有丨故以丨為丨用其義也　其餘空音不錄

瓜部下入聲

文　袜足之衣也　襪同上　物萬丨人丨百丨又丨理丨與袜同韻

語　月太陰曰丨日丨又每年十二丨

出　○　喜　○

36 薑部上平聲

柳　○　邊　○

求　薑其味辛其性散丨母南丨稚丨　姜同上其性老而益辛

去　腔詞調也曲丨詞丨　⿰言空同上

地　張清河墟派也丨姓也　坡　○　他　○

增　章詞丨文丨又姓也　⿱將米粉丨米丨豆丨水丨　樟樹名其叶為丨磁　⿰米章米丨

入〇

時箱木｜皮｜竹｜衣｜書｜ 廂環堂之屋也｜廊廡也 傷損｜打｜受｜｜心｜情 鑲以原質而入以他質曰｜如金之｜玉木之｜牙也

英殃原音央裕曰｜丸害人之物曰｜妖怪也 鴦鴛｜鳥名也匹鳥

文〇 語〇

出鎗戦具也刀｜抬｜ 槍同上馬上｜落馬｜

喜鄉民住居之處也小者曰村大者曰｜有｜里｜村 香祀神謁祖用香以降神又上｜焚｜香柴｜案｜爐

薑部上上聲

柳両斤｜十錢為｜十六｜為｜ 刄同上浴寫

地長眾之首曰｜族｜家｜舖｜邦｜按｜者長也

增掌手｜脚｜熊｜ 槳行船之具也如木｜｜砧｜棹 撑以柱｜物也 蔣｜茅青蘋也又山名｜山小溪又姓

時賞有功則｜奬｜｜賜乞｜ 晌片｜即片時也又午也

出搶｜刼｜物｜掠｜白操｜

其餘空音不錄

薑部上去聲

地　帳前曰屏後曰丨幃丨蚊丨沙丨幕武戰升丨　賬以財與人而收其息曰放丨宿業曰倒丨　漲水浮曰丨物價起亦曰丨　瘬滿也腹丨肚丨　賬同上肚滿曰丨

釣用餌以獲魚曰丨丨魚太公釣渭　嶂山成列也　⿰土長積土浮也

增　醬豆丨米丨肉丨又賣咸料曰丨園

時　相善觀氣色者曰丨五形又生丨　像物形曰丨畫丨丨讚

其餘空音者俱不錄

薑部上入聲　空音不錄

薑部下平聲

柳　糧丨米丨食丨谷丨錢納丨完丨　粮同上　量測丨斗丨　娘稱母曰丨又女子曰姿丨　梁橋丨棟丨

邊　〇

求　強勝彼者曰丨

去　〇

地場 原音亦俗曰｜按大者曰疆商｜小者曰｜如疆｜市｜墟｜ 塲 同上戰｜曠地也又祭神道也

時常 屢有之事屢見之物曰尋｜時｜ 嘗 蒸｜又神農｜百草又｜葯｜味｜新 償 賠人以物曰｜相｜賠｜

英羊 山｜麋｜牧｜牽｜羔｜ 洋 大海曰｜南｜北｜大西｜太平｜ 楊 姓也 鎔 五金之為物用火攻之則｜可鑄物 融 和也又人名

文○ 語○

出牆 垣蔽曰｜夫子之｜數仞 墻 壁也子貢之｜甫及肩 鱨 魚名也

喜○

蕫部下上聲

地丈 姑母之夫曰姑｜姨夫曰姨｜妻之姊妹夫曰同門｜

增癢 皮｜也

時想 眷戀不忘曰｜思｜梦｜

出象 獸以牙鼻為用者｜｜鼻｜牙

其餘者俱係空音不錄

蕫部下去聲

增上 在高則曰｜如｜輩｜祖在｜

英様 式也謨範也｜好｜照｜依 其餘俱係空音不錄

出匠 五工之人皆曰｜｜人油｜工｜

薑部下入聲空音不錄

37⿰口乃字與皆字同韻故不錄

38囉字與歌字同韻亦不錄

39哖字與基字同韻又不錄

40燒部上平聲

邊標 旗幟也奪｜搶｜賞｜

他挑 ｜灯｜薊｜選大｜按｜猶擇也

增蕉 芭｜弓｜ 椒 胡｜其味辛 醮 祭也冠娶禮祭 招 商家字號曰｜牌又｜客｜商｜兵

時燒 ｜猪｜鷄｜鴨｜肉

英腰 柳｜蜂｜細｜小蠻｜

出雄 原音雌雄之雄也俗謂鷄雄曰｜也又如壯也如牛壯曰｜牛用其義

其餘俱係空音不錄

燒部上上聲

邊表 姑之子曰姑｜姨之子曰姨｜俗曰｜親｜兄弟

增少 凡物不多曰｜太｜甚｜

時小 凡物之細者曰｜又月｜種｜細｜

燒部上去聲

柳〇

邊裱 領巾也又袖端又｜畫 淲 以水漂物曰｜｜布

求叫 呼人曰｜又鳥鳴曰｜ 噭 上同

去〇 地〇

坡 票紙｜出｜銀｜錢｜會｜ 漂｜白｜布苧｜紗

他 羅發賣百谷曰豆｜粟｜米｜ 粜同上｜麦

增 照日｜月｜神光普｜對｜ 炤同上 曌武｜武后名也 醮設壇祈禱曰建｜

入 〇

時 像芳形也繪｜畫｜ 相｜生

英 〇 文 〇

語 〇

出 笑嬉｜見｜好｜大｜恥｜

喜 〇

其餘空音者不錄

燒部上入聲

求 卩俗脚夫之卩也路｜水｜

去撓 俗｜拾｜錢｜會

地着 俗衣｜

增質 品｜器｜文｜才｜ 貭 同上地｜田｜物｜棉｜ 借 假｜揭｜先｜｜錢｜物｜用

時惜 愛｜可｜甚｜歎｜｜福｜物

英約 有｜爽｜忘｜失｜負｜久｜

出尺 十分曰寸十寸曰｜十｜曰丈皆度也

其餘空音者不錄

燒部下平聲

求橋 石｜｜板｜小｜大｜虹｜｜關｜百尺｜ 蕎 瓜｜有青白黃紫之別按｜菜也 茄 同上 荍 同上荊葵花也又仝上

地潮 ｜水｜汐江｜海｜又地名｜州

坡萍 ｜踪浮｜青｜綠｜

入橈 行船之具稍大用撐小舟用｜

英窑 凡|灰|缶|紙|以之燒瓦陶之器也 姚 姓也

文描 原音苗按描畫也小兒|初學寫字則用範以之

燒部下上聲

地趙 姓也又|國

坡縹 魚|即魚包也可作膠 鰾 同上 其餘空音者不錄

出象 獸之至大者其所用者鼻所賣者牙

燒部下去聲

求轎 肩輿曰|乘|坐|

入尿 小便俗曰|放|洩|

英鷂 鳥善疾飛也|飛魚躍

文廟 |宇|堂神|宗| 庙 同上小寫也

其餘空音者不錄

燒部下入聲

地 着 凡作事不錯曰丨

增 石 丨乃山之骨也玉丨寶丨 祏 宗廟藏玉室也 䄷 十斗為丨

英 藥 丨石丨味丨物 葯 同上又醫丨

出 蓆 廣多也又大也 席 草丨篾丨牙丨竹丨皮丨

喜 葉 凡草木皆有枝丨青丨絲丨黃丨

其餘空音不錄

卷四終